essentials

W0258904

essentials liefern aktuelles Wissen in konzentrierter Form. Die Essenz dessen, worauf es als „State-of-the-Art" in der gegenwärtigen Fachdiskussion oder in der Praxis ankommt. *essentials* informieren schnell, unkompliziert und verständlich

- als Einführung in ein aktuelles Thema aus Ihrem Fachgebiet
- als Einstieg in ein für Sie noch unbekanntes Themenfeld
- als Einblick, um zum Thema mitreden zu können

Die Bücher in elektronischer und gedruckter Form bringen das Expertenwissen von Springer-Fachautoren kompakt zur Darstellung. Sie sind besonders für die Nutzung als eBook auf Tablet-PCs, eBook-Readern und Smartphones geeignet. *essentials:* Wissensbausteine aus den Wirtschafts-, Sozial- und Geisteswissenschaften, aus Technik und Naturwissenschaften sowie aus Medizin, Psychologie und Gesundheitsberufen. Von renommierten Autoren aller Springer-Verlagsmarken.

Weitere Bände in dieser Reihe http://www.springer.com/series/13088

Ulf von Krause

Der Einsatz der Bundeswehr im Innern

Ein Überblick über eine aktuelle, kontroverse politische Diskussion

Dr. Ulf von Krause
Königswinter, Deutschland

ISSN 2197-6708 ISSN 2197-6716 (electronic)
essentials
ISBN 978-3-658-17400-2 ISBN 978-3-658-17401-9 (eBook)
DOI 10.1007/978-3-658-17401-9

Die Deutsche Nationalbibliothek verzeichnet diese Publikation in der Deutschen Nationalbibliografie; detaillierte bibliografische Daten sind im Internet über http://dnb.d-nb.de abrufbar.

Springer VS
© Springer Fachmedien Wiesbaden GmbH 2017
Das Werk einschließlich aller seiner Teile ist urheberrechtlich geschützt. Jede Verwertung, die nicht ausdrücklich vom Urheberrechtsgesetz zugelassen ist, bedarf der vorherigen Zustimmung des Verlags. Das gilt insbesondere für Vervielfältigungen, Bearbeitungen, Übersetzungen, Mikroverfilmungen und die Einspeicherung und Verarbeitung in elektronischen Systemen.
Die Wiedergabe von Gebrauchsnamen, Handelsnamen, Warenbezeichnungen usw. in diesem Werk berechtigt auch ohne besondere Kennzeichnung nicht zu der Annahme, dass solche Namen im Sinne der Warenzeichen- und Markenschutz-Gesetzgebung als frei zu betrachten wären und daher von jedermann benutzt werden dürften.
Der Verlag, die Autoren und die Herausgeber gehen davon aus, dass die Angaben und Informationen in diesem Werk zum Zeitpunkt der Veröffentlichung vollständig und korrekt sind. Weder der Verlag noch die Autoren oder die Herausgeber übernehmen, ausdrücklich oder implizit, Gewähr für den Inhalt des Werkes, etwaige Fehler oder Äußerungen. Der Verlag bleibt im Hinblick auf geografische Zuordnungen und Gebietsbezeichnungen in veröffentlichten Karten und Institutionsadressen neutral.

Gedruckt auf säurefreiem und chlorfrei gebleichtem Papier

Springer VS ist Teil von Springer Nature
Die eingetragene Gesellschaft ist Springer Fachmedien Wiesbaden GmbH
Die Anschrift der Gesellschaft ist: Abraham-Lincoln-Str. 46, 65189 Wiesbaden, Germany

Was Sie in diesem *essential* finden können

- Überblick über die rechtlichen Rahmenbedingungen für Einsätze der Bundeswehr im Innern.
- Beispiele für unstrittige und strittige Einsätze im Innern in den letzten 15 Jahren.
- Kurzdarstellung der zunehmend unscharfen Grenze zwischen innerer und äußerer Sicherheit als Auslöser für die aktuelle politische Diskussion.
- Kompaktdarstellung kontroverser Positionen zu Einsätzen der Bundeswehr im Innern.
- Bewertung der Fähigkeiten der Bundeswehr zur Wahrnehmung von Aufgaben im Innern.
- Empfehlungen zur Anpassung der Rahmenbedingungen an die neuen Herausforderungen.

Inhaltsverzeichnis

Über den Autor

Dr. Ulf von Krause Schönsitzstraße 2, 53639 Königswinter, ulfvonkrause@t-online.de

Ulf von Krause (73) ist Publizist. Er war 42 Jahre lang Berufssoldat, studierte Wirtschaftswissenschaften und war zuletzt u. a. ‚Nationaler Territorialer Befehlshaber'. Danach studierte er Politikwissenschaft und promovierte über die Entscheidungsprozesse zu den Afghanistaneinsätzen der Bundeswehr. Er publiziert zu Themen an der Nahtstelle zwischen Politik und Militär, u. a. über die Rolle der Bundeswehr als Instrument deutscher Außenpolitik und über Parlamentsbeteiligung bei Einsatzentscheidungen.

1 Einführung

Als 1955, nur zehn Jahre nach Kriegsende, neue deutsche Streitkräfte aufgestellt wurden, erfolgte dieses vor dem Hintergrund eines tiefsitzenden Traumas der Deutschen – nach Militarismus, Diktatur und verlorenem Krieg – unter der strikten Nebenbedingung, dass die Bundeswehr sorgfältig nach außen und nach innen „eingehegt" würde. So sollte insbesondere ausgeschlossen werden, dass sich ihr Gewaltpotenzial gegen den eigenen Staat richten könnte. Ein neu ins Grundgesetz (GG) eingefügter Art. 143 machte daher Einsätze der Bundeswehr im Innern von Voraussetzungen abhängig, die in der Verfassung zu definieren wären, was jedoch zunächst unterblieb. Im Laufe der Zeit setzte sich die Meinung durch, die rein technische und unbewaffnete „Verwendung" der Bundeswehr in der Erntehilfe oder bei Naturkatastrophen sei von dieser Restriktion im GG nicht erfasst (von Krause 2013: 49, 107). Erst 1968 wurden, durch Änderungen des GG im Zuge der „Notstandsgesetzgebung", Voraussetzungen für Einsätze der Streitkräfte im Innern formuliert, die äußerst restriktiv sind.

Nach den Terroranschlägen am 11.09.2001 in den USA und den Folgeattentaten in Madrid (2004) und London (2005) entwickelte sich in Deutschland eine Debatte, ob die äußerst restriktiven Regelungen an die neue Sicherheitslage angepasst werden sollten. Höhepunkt war die Diskussion um ein vom Bundestag verabschiedetes „Luftsicherheitsgesetz", das der Bundespräsident am 11.01.2005 zwar unterschrieb, zugleich aber verfassungsrechtliche Bedenken zum Ausdruck brachte. Eine Überprüfung des Luftsicherheitsgesetzes durch das Bundesverfassungsgericht (BVerfG) bestätigte, dass Teile des Gesetzes in der Tat verfassungswidrig waren (BVerfG 2006). Ein zwischenzeitlich von der CDU/CSU eingebrachter Gesetzesentwurf zur Änderung des GG fand jedoch keine Mehrheit, sondern blieb im parlamentarischen Beratungsprozess stecken.[1]

[1]Deutscher Bundestag, Drs. 15/4658 v. 15.01.2005.

© Springer Fachmedien Wiesbaden GmbH 2017

U. von Krause, *Der Einsatz der Bundeswehr im Innern,* essentials,
DOI 10.1007/978-3-658-17401-9_1

In jüngster Zeit haben zunächst die zunehmende Terrorgefahr, sodann die ersten terroristischen Ereignisse in Deutschland die Diskussion um Einsätze der Bundeswehr im Innern angeheizt. Das Bundesverfassungsgericht hat 2012 – wegen partiell unterschiedlicher Auffassungen der beiden Senate in einer Plenarentscheidung – die rechtlichen Schranken weiter präzisiert. Unter Bezugnahme auf diese Entscheidung betont die Bundesregierung im Weißbuch 2016 die Bedeutung von Einsätzen der Bundeswehr bei terroristischen Großlagen (BMVg 2016: 110).

Im Folgenden sollen die rechtlichen Rahmenbedingungen für Bundeswehreinsätze im Innern skizziert werden. Anschließend werden Beispiele für in der Vergangenheit durchgeführte bzw. abgelehnte Einsätze im Innern aufgezeigt, um den Spielraum zwischen der als unstreitig angesehenen „Verwendung" der Bundeswehr bei Naturkatastrophen im Rahmen der Amtshilfe nach Art. 35, Abs.1 oder 2, und den Schranken aufzuzeigen, die das Grundgesetz zieht. Danach wird die derzeitige Diskussion in Deutschland um eine Ausweitung der Möglichkeiten zum Einsatz der Bundeswehr im Innern skizziert, die sich nach den Terroranschlägen der letzten eineinhalb Jahrzehnte entwickelt hat. Dabei lassen die gegensätzlichen Standpunkte der politischen Parteien, Gewerkschaften und Berufsverbände einen Gegensatz zwischen einer funktionalen bzw. ideologischen Perspektive erkennen. Schließlich werden die Fähigkeiten der Bundeswehr zur Unterstützung der Sicherheitsbehörden im Innern betrachtet. Als Folgerung aus der Analyse wird die Empfehlung herausgearbeitet, durch Änderungen des Grundgesetzes die rechtlichen Möglichkeiten für Einsätze der Bundeswehr im Innern auszuweiten, damit der Staat vor den veränderten Herausforderungen seiner Schutzfunktion für die Bürger gerecht werden kann.

2 Rahmenbedingungen für Einsätze im Innern und ihre Interpretation seit 2001

2.1 Verfassungsrechtliche Grundlagen

Die verfassungsrechtlichen Grundlagen basieren auf den 1968 als „Notstandsverfassung“ ins GG eingefügten Bestimmungen. In Nachfolge des (aufgehobenen) Art. 143 aus dem Jahre 1956 wurde im Art. 87 a, Abs. 2 festgeschrieben, dass die Streitkräfte nur eingesetzt werden dürfen, soweit das GG dieses ausdrücklich zulässt. Dieses limitiert – wie in der jüngsten Rechtsprechung des BVerfG bekräftigt – den Einsatz der Streitkräfte im Innern „strikt und eng auf einen numerus clausus von Einzelfällen“ (Wiefelspütz 2013: 4). Diese Einzelfälle sind der „Katastrophennotstand nach Art. 35 GG, Abs. 2“, der „Innere Notstand“ nach Art. 87 a, Abs. 4, und der Verteidigungs- und Spannungsfall nach Art. 87 a, Abs. 3. Von diesen sind Tätigkeiten der Bundeswehr im Rahmen der Amtshilfe nach Art. 35, Abs.1 abzugrenzen.

Zunächst zum Katastrophennotstand: Art. 35 bestimmt in Abs. 2, dass bei einer Naturkatastrophe oder einem besonders schweren Unglücksfall ein Land Kräfte und Einrichtungen anderer Verwaltungen, der Bundespolizei und der Streitkräfte zur Hilfe anfordern kann. Falls die Katastrophe das Gebiet mehr als eines Bundeslandes betrifft, so räumt Abs. 3 der Bundesregierung die Befugnis ein, Landesregierungen anzuweisen, Polizeikräfte anderer Länder anzufordern und Einheiten der Bundespolizei sowie der Streitkräfte zur Unterstützung der Polizeikräfte einzusetzen. Dabei beinhaltet der Begriff „Einsatz“ nicht jedwede Verwendung der Bundeswehr, sondern beschreibt „ihre Verwendung als Mittel der vollziehenden Gewalt in einem Eingriffszusammenhang“, also Situationen, in denen durch die Streitkräfte „hoheitlicher Zwang“ angewendet wird (ebenda: 4 f.). Dabei haben die eingesetzten Streitkräfte keine originären Zuständigkeiten, sondern „kraft Verfassungsrechts hoheitliche, eingreifende und polizeiliche Befugnisse nach dem jeweiligen Landesrecht“, soweit diese zur Durchführung

© Springer Fachmedien Wiesbaden GmbH 2017

U. von Krause, *Der Einsatz der Bundeswehr im Innern,* essentials,
DOI 10.1007/978-3-658-17401-9_2

der Hilfeleistung erforderlich sind (BMVg 2008: 2). Sie werden dabei unter der Gesamtverantwortung der jeweils zuständigen Landesbehörde eingesetzt, die dem militärischen Einsatzleiter Weisungen erteilt. Lange Zeit herrschte die Meinung vor, dass im Katastrophenfall ein Einsatz der Streitkräfte mit typisch militärischen Waffen „von Verfassungs wegen nicht erlaubt" sei (BVerfG 2006: 115), sondern nur solche Ausrüstung und Bewaffnung, wie sie auch der Polizei zur Verfügung steht.

Mit der Plenarentscheidung 2012 hat das BVerfG einige Teilaspekte anders interpretiert. So stellt die Entscheidung fest, dass die – aus der Zielsetzung einer Unterstützung der Polizei abgeleitete – Beschränkung auf den Einsatz nichtmilitärischer Waffen nicht zwingend sei. Vielmehr lasse die Verfassung offen, mit welchen Mitteln Hilfe oder Unterstützung geleistet werden darf (BVerfG 2012: 29). Allerdings verknüpft das BVerfG dieses mit der Feststellung, dass der Einsatz nach Art. 35, Abs. 2 als solcher, „wie auch der Einsatz spezifisch militärischer Kampfmittel … nur unter engen Voraussetzung in Frage" kommt (ebenda: 40 f.). Er ist nur in ungewöhnlichen Ausnahmesituationen zulässig, bei – wie das Gericht formuliert – „Ereignissen von katastrophischen Dimensionen" (ebenda: 43) und auch nur als „ultima ratio" (ebenda: 48). In der Diskussion entwickelt sich allmählich die Meinung, dass auch terroristische Angriffe mit entsprechenden Auswirkungen zu den Ereignissen von katastrophischen Dimensionen zählen können (Walter 2013: 231; Wiefelspütz 2013: 11; BMVg 2016: 110). Ausdrücklich weist das Gericht in seiner Begründung allerdings darauf hin, dass es z. B. kein besonders schwerer Unglücksfall i.S. des Art. 35 wäre, der einen Einsatz der Streitkräfte rechtfertigen würde, wenn aus oder von einer demonstrierenden Menschenmenge Gefahren für Menschen und Sachen ausgingen (BVerfG 2012: 46).

Die Plenarentscheidung beinhaltet eine weitere Neuerung (Walter 2013: 231 f.): mit dem Luftsicherheitsgesetz wurde eine Eingriffsmöglichkeit geschaffen, die die Streitkräfte bei der Abwehr von Gefahren aus dem Luftverkehr zu Maßnahmen aus „eigenem Recht" ermächtigt (BVerfG 2012: 21), anders als bei Einsätzen nach Art. 35, bei denen sich die Eingriffsmöglichkeiten nur aus dem jeweiligen Polizeirecht der Länder ergeben. Das hatte der erste Senat in seinem Urteil von 2006 noch anders bewertet (BVerfG 2006: 89).

Die zweite Fallkonstellation, für die das GG in Art. 87 a, Abs. 4 einen Einsatz der Bundeswehr im Innern zulässt, ist die Abwehr einer drohenden Gefahr für den Bestand oder die freiheitlich demokratische Grundordnung des Bundes oder eines Landes. Nur unter dieser Voraussetzung, und wenn die Kräfte der Länder- und der Bundespolizei trotz gegenseitiger Hilfe nicht ausreichen, kann die Bundesregierung Streitkräfte zum Objektschutz und zur Bekämpfung organisierter und militärisch bewaffneter Aufständischer einsetzen. Fehlt es am Merkmal der

Gefährdung für den Bestand oder die freiheitliche Grundordnung des Bundes oder eines Landes, dann ist ein Einsatz nach Art. 87 a, Abs. 4 unzulässig. Das gilt z. B. auch für das oben genannte Beispiel, dass Gefahren aus einer demonstrierenden Menschenmenge drohen, sodass in einem solchen Fall die Streitkräfte weder nach Art. 35 noch aus Art. 87 a, Abs. 4 eingesetzt werden dürfen (BVerfG 2012: 46).

Die dritte Fallkonstellation, in der nach dem Wortlaut des GG ein Einsatz der Bundeswehr im Innern zulässig wäre, sind der Verteidigungs- bzw. der Spannungsfall (Art. 87 a, Abs. 3). Diese werden gem. Art. 115 a bzw. 80 a vom Deutschen Bundestag mit qualifizierten Mehrheiten festgestellt. Nach einer solchen Feststellung dürfen die Streitkräfte beim Schutz ziviler Objekte und zur Verkehrsregelung eingesetzt werden, soweit dies zur Erfüllung ihres Verteidigungsauftrags notwendig ist – und zwar als originäre Befugnisse. Darüber hinaus können sie zur Unterstützung polizeilicher Maßnahmen eingesetzt werden, und zwar ebenfalls im Objektschutz.

Nach den skizzierten deutschen Verfassungsregelungen für den Einsatz der Bundeswehr im Innern soll anhand von Beispielen skizziert werden, welche „Verwendungen" (im Rahmen der Amtshilfe nach Art. 35, Abs. 1) bzw. „Einsätze" (gem. Art. 35. Abs. 2 und 3) es in den letzten 15 Jahren gegeben hat, bzw. wo Forderungen nach solchen Einsätzen nicht entsprochen wurde, weil sie im Grenzbereich der Zulässigkeit lagen.

2.2 Unstrittige „Verwendungen" der Streitkräfte im Innern – Beispiele aus der jüngeren Vergangenheit

Am spektakulärsten sind und waren Einsätze der Bundeswehr bei Naturkatastrophen, insbesondere im Rahmen der Fluthilfe. Hier stechen vor allem die Jahre 2002 und 2013 heraus. Im August 2002 traten die Flüsse in Bayern und anschließend die Elbe und ihre Nebenflüsse in Sachsen, Sachsen-Anhalt, Brandenburg, Thüringen, Mecklenburg-Vorpommern, Niedersachsen und Schleswig-Holstein über die Ufer. Die Bundeswehr setzte in der Spitze mehr als 45.000 Soldaten und 500 zivile Mitarbeiter in der Fluthilfe ein, die mehr als 460.000 Manntage leisteten. Hinzu kam ein massiver Einsatz von Großgerät, z. B. Hubschrauber, Transportflugzeuge, Aufklärungsflugzeuge, Fahrzeuge verschiedenster Größe, Schlauchboote, Transport- und Bergepanzer, Feldküchen usw. (BMVg 2002: 32 ff.). Bemerkenswert ist dabei, dass auch militärspezifische Ausrüstung, wie Aufklärungsflugzeuge oder Panzer dabei waren, allerdings nicht mit ihren Waffen, sodass die Frage der Legitimität nicht gestellt wurde.

2013 traf eine noch schwerere Flut die gleichen Bundesländer wie 2002. Wieder kam es zu einem massiven Hilfseinsatz, dieses Mal von bis zu 20.000 Soldaten mit entsprechendem Großgerät (Wiegold 2013), die 134.000 Manntage leisteten (BMI 2013: 6).

Gleichermaßen „normal" waren immer wieder Einsätze von Hubschraubern der Bundeswehr zur Unterstützung bei Waldbränden. Allerdings ergibt sich dabei in der Praxis das Problem der Kostenübernahme. Nur wenn die Brände so großflächig sind, dass durch die zivilen Behörden (Landkreise) Katastrophenalarm ausgelöst wird, spielt die Kostenfrage bei der Anforderung keine Rolle. Bei kleineren Brandereignissen können die bürokratischen Hürden jedoch eine rasche Hilfe behindern.[1]

Einige Male kam es auch zu Einsätzen von Tornado-Aufklärungsflugzeugen der Bundeswehr bei der Suche nach vermissten Kindern (so z. B. nach Peggy 2001[2] oder nach Mirco 2010[3]). Auch dabei wurde militärspezifisches Gerät eingesetzt, jedoch ohne Bewaffnung, sodass keine rechtlichen Bedenken gegen solche Einsätze geltend gemacht wurden.

Der jüngste umfassende Hilfseinsatz der Bundeswehr war die Unterstützung von Ländern und Kommunen in der Flüchtlingshilfe; 2015 wurden in der Spitze bis zu 9000 Soldaten im Rahmen der Amtshilfe eingesetzt, die Bundeswehr stellte z. B. 170.000 Unterkünfte zur Verfügung und transportierte rund 200.000 Asylsuchende.[4] Nach dem Abflauen der Flüchtlingswelle erfolgte der Einsatz von Bundeswehrpersonal in deutlich geringerem Umfang in Organisation und Verwaltung durch Personalabstellungen an das Bundesamt für Migration und Flüchtlinge.

[1]http://www.fwnetz.de/2011/05/12/woher-kommt-der-loschhubschrauber/ (Zugriff: 30.10.2016).

[2]http://www.spiegel.de/panorama/suche-nach-peggy-bundeswehr-tornados-im-einsatz-a-133984.html (Zugriff: 30.10.2016).

[3]http://www.spiegel.de/panorama/justiz/vermisster-junge-luftwaffe-sucht-mit-tornado-fliegern-nach-mirco-a-717979.html (Zugriff: 30.10.2016).

[4]http://www.zeit.de/politik/deutschland/2016-06/bundeswehr-fluechtlinge-einsatz-inland (Zugriff: 02.11.2016).

2.3 Strittige „Verwendungen" bzw. „Einsätze" der Streitkräfte im Innern – Beispiele aus der jüngeren Vergangenheit

Soweit zu Beispielen für unstrittige Verwendungen und Einsätze der Bundeswehr im Innern. Nun zu Beispielen, die weit weniger unstrittig waren:

Hier ist zum Ersten ein Einsatz zu nennen, der vordergründig überhaupt nicht in das oben erläuterte rechtliche Schema passt, nämlich die Bewachung von US-Kasernen durch Soldaten der Bundeswehr vor und während des Irak-Krieges 2003 bis 2004. Als die USA 2003 zur Vorbereitung des Krieges gegen den Irak Truppen an den Golf verlegten, dünnten sie ihre in aller Welt stationierten Truppenteile aus, so auch in Deutschland. Um das teilweise zu kompensieren, ersuchten die USA die Bundesregierung, die Bewachung von US-Kasernen zu übernehmen. Die Erklärung von Bundeskanzler Schröder im Wahlkampf 2003, dass sich Deutschland nicht an einem Irak-Krieg beteiligen werde, hatte zu einer massiven Verstimmung zwischen der deutschen und der amerikanischen Regierung geführt (von Krause 2011: 110 f.). Um den diplomatischen Schaden zu begrenzen, kam die Bundesregierung dem Ersuchen der US-Regierung nach und unterstützte die USA indirekt durch das Einräumen von Überflug- und Transitrechten, durch die Entsendung von ABC-Spürpanzern nach Kuwait sowie durch die Übernahme der Bewachung von Kasernen in Deutschland (Fischer 2011: 183). Auf dem Höhepunkt der Aktion, die bis Ende 2004 andauerte, wurden gut 4000 Soldaten eingesetzt.[5]

Rechtsgrundlage dieses Einsatzes waren weder Art. 35 noch Art. 87 a GG, sondern das Gesetz über die Anwendung unmittelbaren Zwangs durch die Bundeswehr (UZwGBw).[6] Dieses beinhaltet Eingriffsermächtigungen – analog zu bestimmten polizeilichen Befugnissen – für Soldaten der Bundeswehr, denen militärische Wach- oder Sicherheitsaufgaben übertragen sind, und für zivile Personen im Wachdienst mit entsprechenden Aufgaben. Diese Befugnisse gelten nur in „militärischen Sicherheitsbereichen", die explizit hierzu erklärt werden müssen. Militärische Sicherheitsbereiche sind regelmäßig militärische Bereiche der Bundeswehr – Kasernen, Depots usw., – können aber auch sonstige Örtlichkeiten

[5]Quelle, Persönliche Aufzeichnungen des Autors, der zu der Zeit als Befehlshaber des Streitkräfteunterstützungskommandos „Nationaler Territorialer Befehlshaber" war und diese Einsätze zu koordinieren hatte.

[6]Gesetz über die Anwendung unmittelbaren Zwanges und die Ausübung besonderer Befugnisse durch Soldaten der Bw und verbündeter Streitkräfte sowie zivile Wachpersonen.

außerhalb militärischer Anlagen sein, die vorübergehend gesperrt werden, z. B. Gefechtsstände, Absturzstellen von Flugzeugen o. ä.[7]

Als Voraussetzung für die Bewachung der US-Kasernen durch die Bundeswehr wurden diese zu militärischen Sicherheitsbereichen nach dem UZwGBw erklärt. Da die deutschen Soldaten dabei hoheitliche Aufgaben wahrzunehmen hatten und auf der Basis des UZwGBw auch Eingriffsbefugnisse hatten, handelte es sich bei der US-Kasernenbewachung mithin um einen Einsatz im engeren Sinne des Wortes. Dieser erfolgte jedoch nicht auf der Grundlage von Art. 35, Abs. 2, da kein Hilfeersuchen eines Bundeslandes vorlag, sondern das der US-Streitkräfte. Erkennbar dominierte der politische Zweck, die Beschädigung des deutsch-amerikanischen Verhältnisses abzumildern. Dabei wurde offensichtlich unterstellt, dass die US-Kasernen deutschen militärischen Anlagen gleichgestellt seien, in denen die Streitkräfte nicht nach Art. 87 a GG, sondern aufgrund des Hausrechts tätig werden durften.

Die Frage, ob dieser Einsatz den strengen Kriterien des Art. 87, Abs. 2 GG entspricht, wurde nach Kenntnis des Autors nicht diskutiert. Denn die Diskussionen im politischen Raum waren auf andere Fragen gerichtet. Zum Ersten, ob Deutschland durch seine Unterstützung der US-Streitkräfte indirekt am Krieg gegen den Irak beteiligt wäre,[8] zum Zweiten, inwieweit es rechtskonform sei, dass – bis zum Kriegsausbruch im Irak – auch Sanitätssoldaten für die Bewachung eingeteilt wurden,[9] und zum Dritten, inwieweit die erhebliche personelle Beanspruchung zulasten der Ausbildung der Soldaten ging.[10]

Dass man sich mit dem Einsatz rechtlich im Grenzbereich bewegte, machte eine andere Variante in der Diskussion deutlich. Die Gefährdungsbeurteilung der US-Streitkräfte ergab, dass auch Wohnsiedlungen und Einkaufsbereiche der US-Streitkräfte zu schützen waren, die außerhalb militärischer Anlagen lagen. Solcher Objektschutz obliegt den Polizeikräften der Länder. Um die erhebliche personelle Belastung ihrer Polizei zu reduzieren, drängten die Landesregierungen

---

[7]UZwGBw, §§ 1, 2.

[8]In einem Verfahren gegen einen Offizier, der sich geweigert hatte, an derartigen Maßnahmen teilzunehmen, stellte der Wehrdienstsenat des Bundesverwaltungsgerichts 2005 fest, dass „gegen diese Unterstützungsleistungen … gravierende völkerrechtliche Bedenken (bestanden/bestehen)" (BVerwG 2005). Die Bundesregierung widersprach dieser Bewertung, da „die entsprechende Einschätzungen des Bundesverwaltungsgerichts … Fragen betreffen, die von Völkerrechtlern unterschiedlich beantwortet werden" (Deutscher Bundestag, Drucksache 16/4726 16, S. 2).

[9]Jahresbericht des Wehrbeauftragten 2003, Deutscher Bundestag, Drucksache 15/2600 vom 09.03.2004, S. 27.

[10]Ebenda, S. 14.

von Bayern und Baden-Württemberg inoffiziell das BMVg, die Bundeswehr auch solche Objekte bewachen zu lassen. Dazu hätte man diese zivilen Objekte ebenfalls zu militärischen Sicherheitsbereichen erklären müssen. Zwar wäre in diesem Fall die Voraussetzung von Art. 35 – Anforderung durch Bundesländer – erfüllt gewesen, allerdings traf nicht zu, dass die Länder diese Aufgabe nicht oder nur unter erheblichen Schwierigkeiten selber erfüllen könnten. Die Landesregierungen argumentierten dabei, man möge die Rechtslage doch „nicht so eng" auslegen. Dem folgte das BMVg nicht – nicht zuletzt auch, um die personellen Anforderungen an die Bundeswehr für die Bewachungsaufgabe nicht weiter zu steigern. Als Kompromiss wurde vereinbart, dass überall dort, wo Wohnsiedlungen und Einkaufsbereiche unmittelbar an die Kasernen angrenzten, der jeweilige militärische Sicherheitsbereich so erweitert wurde, dass sie mit im Schutzbereich lagen. Wo das nicht der Fall war, lehnte die Bundeswehr die Bewachung ab.[11]

Zusammenfassend ist somit festzustellen: auch wenn das GG die Bewachung der militärischen Anlagen eines Bündnispartners nicht ausdrücklich als Einsatzmöglichkeit der Streitkräfte nennt, so wurde die Bundeswehr 2003/2004 umfangreich zur Bewachung der US-Kasernen eingesetzt, was weder politisch noch juristisch hinterfragt wurde. Die Opposition – sowohl im Parlament als auch außerparlamentarisch – zielte mit ihrer Kritik vielmehr auf die Frage, ob Deutschland mit solchen Unterstützungsmaßnahmen in die Vorbereitung von bzw. Teilnahme an einem völkerrechtswidrigen Krieg verstrickt wäre. Die grundsätzliche Frage nach der Rechtmäßigkeit des Einsatzes der Bundeswehr im Innern blieb dabei außen vor.

Fehlte die politische Debatte um die Zulässigkeit der Kasernenbewachung, so entbrannte eine solche in aller Schärfe bei dem nachfolgenden zweiten Fallbeispiel, der Unterstützung der Behörden von Mecklenburg-Vorpommern beim G 8-Gipfeltreffen in Heiligendamm im Jahre 2007. Die Landesregierung hatte – unter Berufung auf eine Zusage des ehemaligen Bundeskanzlers Schröder – 2006 beim BMVg „in allgemeiner Form um Unterstützung seitens der Bundeswehr durch die Bereitstellung von Unterbringungs-, Ver- und Entsorgungskapazitäten sowie von noch zu spezifizierendem technischen Gerät" gebeten. Das Ministerium sagte technisch-logistische Unterstützung grundsätzlich zu, wobei Landes- und Bundesregierung davon ausgingen, dass es sich bei den zu treffenden Maßnahmen um Amtshilfe nach Art. 35, Abs. 1 GG handeln würde (BVerfG 2010: I 3 a).

Aus dieser Zusage entwickelte sich dann zwischen dem 03.05. und dem 05.06.2007 eine Unterstützungsaktion mit einem erheblichen Umfang, bei der

[11]Quelle: Persönliche Unterlagen des Autors.

insgesamt 1100 Soldaten eingesetzt waren.[12] Neben den „üblichen" Unterstützungsmaßnahmen, die unstrittig sind (wie Transporthilfe, Unterbringung von Polizeikräften, etc.), gab es drei Maßnahmenpakete, die zu erheblichen politischen Auseinandersetzungen führten. Dieses waren als Erstes Einsätze von Tornado-Aufklärungsflugzeugen – ohne Munition in der Bordkanone –, die insgesamt sieben Missionen mit bis zu drei Luftfahrzeugen durchführten. Bei diesen wurden im Tiefflug Luftbilder von Straßen, aber auch von Demonstranten angefertigt. Bei der letzten dieser Missionen kam es am 05.06.2007 zu einem Überflug eines Demonstranten-Camps bei der Ortschaft Reddelich, der in ca. 120 m Höhe, also im Tiefstflug, erfolgte, obwohl die Mindestflughöhe in Deutschland bei 500 Fuß, also ca. 150 m, liegt. Zum Zweiten wurden neun Spähpanzer „Fennek" – bei denen die Waffenanlagen ausgebaut worden waren – zur Überwachung von Räumen und Straßen einschließlich der Beobachtung von Demonstranten und Gipfelgegnern verwendet. Die Aufklärungsergebnisse der Tornados und Fenneks wurden jeweils an die Polizei übermittelt.

Darüber hinaus erfolgte die Unterstützung der Behörden von Mecklenburg-Vorpommern durch ein mobiles Sanitätsrettungszentrum und eine Dekontaminierungsanlage, die in den Bereich des Krankenhauses Bad Doberan/Hohenfelde verlegt wurden. Diese wurden zum Dritten durch Feldjägerkräfte gesichert, die im Rahmen des an die Bundeswehr übertragenen Hausrechts auf der Basis des UZwGBw agierten.

Außerhalb der Amtshilfe setzte die Luftwaffe im Rahmen ihrer Zuständigkeit für die Gewährleistung der Sicherheit im Luftraum über der Bundesrepublik Deutschland („Air Policing") Alarmrotten ein, die sich auf ein Luftlagebild abstützten, das von drei Luftfahrzeugen des NATO-AWACS[13]-Verbandes erstellt wurde (BVerfG 2010: I 3 b ff.).

Die rechtliche Zulässigkeit und die politische Einordnung der drei vorgenannten Unterstützungsmaßnahmen wurden in der Öffentlichkeit und im Parlament streitig diskutiert, und es kam zu einer Klage der Fraktion Bündnis 90/Die Grünen vor dem BVerfG. In der öffentlichen Diskussion räumte das Verteidigungsministerium die Fakten über den Umfang des Einsatzes zunächst nur scheibchenweise ein.[14] In einer aktuellen Stunde des Deutschen Bundestages am 04.07.2007 prallten die unterschiedlichen rechtlichen und politischen Bewertun-

[12]Deutscher Bundestag, Drucksache 16/6166 vom 30.07.2016, S. 1 und Anlage 1.

[13]AWACS: Airborne Early Warning and Control System (fliegendes Radarsystem zur Luftraumaufklärung und Leitung von Jagdflugzeugen).

[14]Jung macht falsche Angaben über Heiligendamm. Der Tagesspiegel v. 03.07.2007.

gen von Regierung und Opposition aufeinander.[15] Während die Bundesregierung betonte, alle Maßnahmen hätten sich im Rahmen des Art. 35, Abs. 1 GG bewegt, die Bundeswehr habe auf Anforderung der Landesregierung „klassische technische Amtshilfe" geleistet und sei nicht selbst hoheitlich tätig geworden,[16] monierten die Vertreter der Oppositionsfraktionen eine Form verfassungswidriger „militärischer Amtshilfe", bei der eine „gewisse militärische Qualität" erreicht worden sei.[17] Damit blieben die genannten Unterstützungsmaßnahmen durch die Bundeswehr politisch umstritten. Der Abgeordnete Hans-Peter Bartels (SPD) brachte die Besorgnis der Opposition auf folgenden Punkt:

> Wir wollen nicht, dass Fakten geschaffen werden, dass schleichend etwas verändert wird, das sich bewährt hat. Bewährt hat sich die Arbeitsteilung bezüglich der Aufgaben der Polizei im Inland und der Aufgaben, die die Bundeswehr in anderen Fällen im Ausland und in Amtshilfe – das ist klar definiert – im Inland ausüben kann. An dieser klaren Aufgabenteilung halten wir fest.[18]

Ob die Kritik seitens der Fraktionen Bündnis 90/Die Grünen, FDP und Die Linke zutrifft, die Einsätze seien „verfassungswidrig" gewesen bzw. hätten einen „Verfassungsbruch" dargestellt,[19] wurde nicht geklärt. Denn in dem anschließenden Verfahren vor dem BVerfG ging es nicht um die Frage, ob die Maßnahmen der Bundeswehr von Art. 35, Abs.1 gedeckt waren. Vielmehr begehrte die Fraktion Bündnis 90/Die Grünen festzustellen, der Bundestag hätte ein Mitsprache-, zumindest jedoch ein Informationsrecht bei der Anordnung der Einsätze gehabt. Beides verwarf das BVerfG. Die Frage, ob die Einsätze von Art. 35 GG gedeckt seien, ließ das Gericht – weil nicht Bestandteil des Verfahrens – in seiner Entscheidung offen (BVerfG 2010.III). 2007 hatte allerdings der wissenschaftliche Dienst des Deutschen Bundestages in einer Expertise formuliert, dass Überflüge über Demonstranten im Tiefflug subjektiv als Einschüchterung empfunden werden könnten, sodass dadurch ggf. ein Eingriff in das Recht der informationellen Selbstbestimmung gegeben sei (WD Bundestag 2007: 9 ff.).

Dass die Bundeswehreinsätze rund um Heiligendamm im rechtlichen Grenzbereich lagen, kann man auch der Tatsache entnehmen, dass es beim nächsten vergleichbaren Ereignis, dem G 7-Gipfel in Elmau in Bayern am 07./08.06.2015,

---

[15]Deutscher Bundestag, Plenarprotokoll 16/107 vom 04.07.2007, S. 11023 ff.

[16]Ebenda, S. 11037.

[17]Ebenda, S. 11024, 11027.

[18]Deutscher Bundestag, Plenarprotokoll 16/107 vom 04.07.2007, S. 11033.

[19]Ebenda, S. 11024, 11027, 11029.

keine strittigen Einsätze gab. Die Bundeswehr beschränkte ihre Hilfe auf logistische, technische und sanitätsdienstliche Unterstützung.[20]

Als drittes Fallbeispiel sollen zwei ähnlich gelagerte Anträge auf Unterstützung der Polizei durch die Bundeswehr bei Terrorlagen skizziert werden: Am 26.02.2002 ereignete sich am Gutenberg-Gymnasium in Erfurt ein Amoklauf eines 19-jährigen Schülers, der 16 Menschen erschoss, ehe er sich selbst tötete. Am Beginn des Einsatzes der Polizei hatte diese bei der zuständigen territorialen Dienststelle der Bundeswehr um Amtshilfe durch Abstellung von gepanzerten Fahrzeugen gebeten, um den Polizeibeamten und ggf. auch zu evakuierenden Personen Schutz zu bieten. Die Bundeswehr stellte ohne bürokratischen Aufwand zwei entsprechende Fahrzeuge bereit, und zwar – nach Abwägung durch den Verantwortlichen – mit Soldaten als Fahrern, da derartige Fahrzeuge nicht ohne Einweisung gefahren werden durften. Die Fahrzeuge kamen jedoch nicht zum Einsatz, weil sich die Lage anders entwickelte und auch ein gepanzertes Sonderfahrzeug der Polizei eintraf.[21]

Am 11.03.2009 geschah an der Albertville-Realschule in Winnenden und in der Umgebung der Stadt ein ähnlicher Amoklauf. Ein 17-jähriger Schüler erschoss zwölf Lehrer und Schüler in der Schule sowie anschließend auf der Flucht weitere drei Menschen, bevor er sich nach einem Schusswechsel mit der Polizei selbst tötete. Im Zuge des Einsatzes erfolgte auch hier auf Arbeitsebene eine Anfrage durch die Polizei an die zuständige territoriale Dienststelle der Bundeswehr, ob von dieser eine Unterstützung durch Gestellung eines gepanzerten Fahrzeugs erfolgen könne, in dessen Schutz die Polizeibeamten vorrücken sollten. Diese Anfrage wurde von der Bundeswehrdienststelle unter Hinweis auf die Rechtslage abgelehnt.[22]

Die Zurverfügungstellung eines solchen Fahrzeugs ist als technische Amtshilfe i.S. von Art. 35. Abs. 1 GG rechtlich nur dann zulässig, wenn Polizeibeamte das Fahrzeug steuern. Bei einer Steuerung durch Bundeswehrsoldaten bekommt eine solche Maßnahme Eingriffscharakter, sodass ein Einsatz i.S. von Art. 35, Abs. 2 GG vorläge (WD Bundestag 2007: 10 f.). Durch die Entscheidung des BVerfG von 2006 war das Bewusstsein der Verantwortlichen in der Bundeswehr offensichtlich so geschärft, dass die entsprechende Anfrage 2009 – anders als 2002 – negativ beantwortet wurde.

[20]Elmau, die Bundeswehr und der Wehrbeauftragte. http://edition-lingen-zeitgeschichte.de/elmau-die-bundeswehr-und-der-wehrbeauftragte/ (Zugriff: 27.12.2016).

[21]Inoffizielle Hintergrundinformation eines Beteiligten.

[22]Inoffizielle Hintergrundinformation eines Beteiligten.

Soweit die Skizze von drei Fallbeispielen über kontrovers diskutierte Einsätze der Bundeswehr im Innern. Im Folgenden sollen unterschiedliche Positionen in Politik und Gesellschaft zu der Streitfrage erörtert werden.

3 Verwischung der Grenze zwischen innerer und äußerer Sicherheit

Spätestens seit den Anschlägen in den USA am 11. September 2001 wird in der politischen Diskussion argumentiert und auf breiter Ebene akzeptiert, dass die Grenze zwischen innerer und äußerer Sicherheit fließend geworden ist. Die Ereignisse der letzten zwei Jahrzehnte unterstreichen dabei, dass sich die Erscheinungsformen von Konflikten gewandelt haben. Kriege zwischen Staaten sind zunehmend die Ausnahme geworden. Heutige Konflikte sind weit überwiegend der sogenannten „asymmetrischen" bzw. der „hybriden Kriegführung" zuzurechnen (Meyers 2016: 259 f.). Dabei meint der Begriff der asymmetrischen Kriegführung, dass sich staatliche und nicht staatliche Kontrahenten bekämpfen. Mit der Intervention Russlands auf der Krim rückte der Begriff der hybriden Kriegführung ins Scheinwerferlicht öffentlicher Wahrnehmung. Er beschreibt eine „flexible Mischform von offenen und verdeckt zur Anwendung gebrachten regulären und irregulären, symmetrischen und asymmetrischen, militärischen und nichtmilitärischen Konfliktmitteln mit dem **Zweck**, die **Schwelle zwischen** den völkerrechtlich angelegten binären Zuständen **Krieg und Frieden** zu **verwischen**" (Schaurer 2015: 2, Hervorhebung UvK). Besonders der letztere Aspekt ist für Deutschland von erheblicher Bedeutung, da das GG mit dem Spannungs- bzw. Verteidigungsfall als Voraussetzung für Einsätze der Bundeswehr im Innern vorrangig auf den klassischen völkerrechtlichen Krieg abhebt. Was aber, wenn die Grenze zwischen „Krieg" und „Frieden" verwischt ist, wenn eine förmliche Kriegserklärung bei heutigen Konflikten so gut wie gar nicht mehr erfolgt? Und wie verhält sich der Staat bei neuen Konfliktformen? Als Stichwort sind hier sog. „Cyberattacken" zu nennen, also Angriffe, die nicht durch klassische Waffengewalt erfolgen, und bei denen auch nicht feststellbar ist, wer hinter solchen Angriffen steht. In diesem Zusammenhang sei auf die Abhängig moderner Industriegesellschaften von einer funktionierenden IT-Infrastruktur bzw. auf das Gefährdungspotenzial bei Eingriffen z. B. in Systeme der Energieversorgung, des

© Springer Fachmedien Wiesbaden GmbH 2017

U. von Krause, *Der Einsatz der Bundeswehr im Innern,* essentials,
DOI 10.1007/978-3-658-17401-9_3

Luftverkehrs oder des Finanzsystems hingewiesen. Die bisher bekannt gewordene schwerste Cyberattacke richtete sich 2007 gegen Estland. Nach den Worten des estnischen Präsidenten ging es dabei auch um Leben und Tod, da die Angriffe sich nicht nur gegen Banken, Behörden, die Regierung, sondern auch gegen die Notrufnummern des Landes richteten.[1] Diesen Fragen soll im Folgenden nachgegangen und unterschiedliche Positionen dazu dargestellt werden.

Aufgrund der skizzierten Entwicklungen moderner Konfliktformen ist Sicherheitspolitik heute als umfassendes, gesamtstaatliches Risikomanagement nach innen und nach außen zu verstehen und zu organisieren (SWP/GMF 2014: 39). Die terroristischen Großlagen in Deutschlands Nachbarstaaten – Paris 07.01.2015 und 13.11.2015 (Charlie Hebdo, Stade de France, Bataclan-Theater, Saint-Denis), Brüssel 22.03.2016 (Flughafen Zaventem, U-Bahnstation Maalbeck), Nizza 14.07.2016 – haben vor Augen geführt, in welchem Ausmaß die Sicherheitskräfte eines Staates durch solche Ereignisse gefordert werden können. In unseren Nachbarstaaten ist es selbstverständlich, zur Beherrschung von Krisenlagen alle staatlichen Ressourcen einzusetzen, wenn dieses notwendig erscheint. In den Gesellschaften dieser Staaten gehört es daher zum Normalbild, wenn in terroristischen Großlagen Polizei und Militär gemeinsam zum Schutz von Bürgern und Einrichtungen eingesetzt werden.

[1]Ist ein Internetangriff der Ernstfall? FAZ.Net vom 18.07.2007.

Kontroverse Positionen zu Einsätzen der Bundeswehr im Innern

4

4.1 Ideologische vs. funktionale Betrachtung

In Deutschland wird der skizzierte Problemkomplex primär ideologisch diskutiert. Das Rational, das zur verfassungsmäßig strikten Trennung der Zuständigkeiten der Polizei und der Streitkräfte geführt hatte – Militarismus, Diktatur und verlorener Krieg – gilt als unverrückbar, als „Teil der verfassungsrechtlichen DNA der Bundesrepublik“ (Talmon 2016: 7). Und dieses ungeachtet der in mehr als sechs Jahrzehnten erfolgten Integration der Streitkräfte in Demokratie und Gesellschaft. Demzufolge werden aus dieser ideologischen Perspektive die engen verfassungsmäßigen Grenzen für Einsätze der Bundeswehr im Innern als „Bollwerk“ gegen einen Missbrauch des Gewaltpotenzials Militär zäh verteidigt. Eine Änderung gilt als ein Tabu.

Eine Betrachtung aus funktionaler Perspektive führt hingegen zu anderen Schlussfolgerungen. 2009 stellte die ständige Konferenz der Innenminister und -senatoren der Länder fest, dass in Deutschland der Schutz der Bürger als vorrangige Aufgabe des Staates in bestimmten Situationen nicht hinreichend erfüllt werden kann. In der Fortschreibung des „Programms Innere Sicherheit“ formulierten sie:

> Im Zusammenhang mit der asymmetrischen Bedrohungslage durch den internationalen Terrorismus sind Szenarien denkbar, die von den Sicherheitsbehörden aufgrund der vorhandenen Ausstattung und Fähigkeiten nicht allein bewältigt werden können. Derartige Defizite können im Interesse effektiver Gefahrenabwehr nicht hingenommen werden (IMK 2009: 48).

2011 bewerteten die Innenminister/-senatoren folgende Bundeswehrfähigkeiten als relevant für die Unterstützung des Bevölkerungsschutzes: CBRN-Fähigkeiten

© Springer Fachmedien Wiesbaden GmbH 2017

U. von Krause, *Der Einsatz der Bundeswehr im Innern,* essentials,
DOI 10.1007/978-3-658-17401-9_4

(Fähigkeiten zur Abwehr von chemischen, biologischen, radiologischen und nuklearen Gefahren), SAR-Fähigkeiten (Search and Rescue – Such- und Rettungsdienst), Aufklärungsfähigkeiten im Sinne von Erkundung, Lufttransportfähigkeiten, Pionierfähigkeiten und sanitätsdienstliche Fähigkeiten.[1]

Wesentliche Fähigkeitsdefizite der Polizeibehörden in der Gefahrenabwehr liegen vor allem in Lücken bei Bedrohungslagen im Luft- und Seeraum (nur für ersteres wurden mit dem Luftsicherheitsgesetz Voraussetzungen zur Nutzung der Fähigkeiten der Bundeswehr geschaffen), bei der Abwehr bestimmter CBRN-Gefahren sowie beim großflächigen Objektschutz. Denn bei Gefahrenlagen mit einem hohen Gleichzeitigkeitsfaktor werden die Polizeikräfte des Bundes und der Länder nicht ausreichen, die kritische Infrastruktur in Staat und Gesellschaft zu schützen. So führte der Vorsitzende der Innenministerkonferenz, Klaus Bouillon, nach dem Terroranschlag am 22.07.2016 am Olympiaeinkaufszentrum in München aus:

> Hätte es in München eine Terrorlage mit drei Tätern an drei Orten gleichzeitig gegeben, vielleicht mit Geiselnahmen, dann wäre die Polizei sehr schnell an ihre Grenzen gestoßen.[2]

Um Situationen mit großflächiger Bedrohung für die Sicherheit der Bevölkerung zu bewältigen, in denen die Polizeiressourcen nicht ausreichen, gibt es – in Anlehnung an die Analyse eines ehemaligen Präsidenten eines Grenzschutzpräsidiums[3] – folgende Handlungsmöglichkeiten (Walter 2013: 222 ff.):

1. Staatliche Untätigkeit, weil die Verfassungsnorm einen Einsatz der Bundeswehr nicht zulässt.
2. Maßnahmen des Staates mit unzureichenden Mitteln, was katastrophale Folgen haben kann (Beispiel: der misslungene Einsatz in Fürstenfeldbruck zur Befreiung der israelischen Geiseln bei den olympischen Spielen 1972, bei dem die Geiseln und ein Polizeibeamter sowie fünf Entführer ums Leben kamen).
3. Rückgriff auf die Ressourcen der Bundeswehr entgegen den Restriktionen der Verfassung („Not kennt kein Gebot" – übergesetzlicher Notstand).
4. Auslagerung von staatlichen Schutzaufgaben an Private, was zu einer Erosion des staatlichen Gewaltmonopols führt (Beispiel: Schutz von Handelsschiffen gegen Piraterie).

[1]Deutscher Bundestag, Drs. 18/9619 vom 13.09.2016, S. 10.

[2]Soldaten können es nicht besser. Zeitonline vom 08.08.2016.

[3]Heute: Präsidium der Bundespolizei.

5. Aufrüstung der Polizeikräfte (personell und materiell), um den Herausforderungen der Gefahrenabwehr auch in extremen Ausnahmesituationen autonom gerecht werden zu können – angesichts des dafür erforderlichen Umfangs an Geld und Personal nach Walter ein „absurder Gedanke" (ebenda: 226).
6. Schaffung der verfassungsmäßigen Voraussetzungen für einen kooperativen Einsatz von Polizei und Bundeswehr.

4.2 Schaffung der Voraussetzungen zur Nutzung der Ressourcen der Bundeswehr

Die zunehmend unscharfe Grenze zwischen innerer und äußerer Sicherheit wirft somit die Frage auf, ob die deutschen Regelungen noch zeitgemäß und den neuen Herausforderungen angemessen sind. Dabei wird auf die Möglichkeiten der Amtshilfe nach Art. 35, Abs. 1 GG hier nicht mehr eingegangen, da die Beispiele im Abschn. 2.2 hinreichend klar gemacht haben sollten, was in Rechtsprechung und in politischer Praxis als unstreitig angesehen wird.

Es geht also um das Erschließen weiterer Möglichkeiten der Nutzung der Ressourcen des Militärs, zum einen um eine Lockerung der Restriktionen des Art. 35, Abs. 2 GG, und zum anderen um die Frage, ob ggf. die Bestimmungen zum Spannungs- bzw. Verteidigungsfall einer Anpassung an die veränderten Erscheinungsformen von Konflikten bedürfen. Dieses zielt auf die Voraussetzungen des Spannungsfalls nach Art. 80 a GG als Grundlage für weitergehende Befugnisse für einen Einsatz der Bundeswehr im Innern. Das GG definiert diese Voraussetzungen – im Gegensatz zum Verteidigungsfall – nicht explizit. Letzterer setzt gem. Art. 115 a, Abs. 1 voraus, dass das Bundesgebiet mit Waffengewalt angegriffen wird bzw. dass ein solcher Angriff unmittelbar bevorsteht. Nach allgemein anerkannter Interpretation wird der Spannungsfall als Vorstufe zum Verteidigungsfall gesehen, also als eine Situation, in der die erhebliche, aber nicht schon die unmittelbar drohende Gefahr eines Angriffs von außen besteht.[4]

Was aber, wenn durch Maßnahmen im Rahmen hybrider Kriegführung nicht eindeutig ist, ob ein Angriff von außen erfolgt? Die verdeckt operierenden Spezialkräfte („kleine grüne Männchen") bei der Annektion der Krim[5], aber auch Cyberangriffe auf die existenziellen Grundlagen des Staates, wie der in Estland,

[4]Rechtslexikon.net. http://www.rechtslexikon.net/d/spannungsfall/spannungsfall.htm (Zugriff: 19.11.2016).

[5]Kleine grüne Männchen, ein Hybridkrieg und die Probleme der Nato. Welt-Online vom 25.06.2014.

seien hier als Beispiel genannt. Sollen in solchen Lagen Polizeibeamte als Nichtkombattanten gegen militärische Spezialkräfte agieren und Soldaten nicht eingesetzt werden können? Und sollen die bei der Bundeswehr vorhandenen Fähigkeiten in der Cyberabwehr nur auf militärische Computernetze beschränkt bleiben? Soll es nicht möglich sein, ihre Ressourcen bei massiven Störungen in den Versorgungssystemen zur Unterstützung der Behörden zu nutzen?

Aus Sicht des Autors ist die funktional einzig rationale Lösungsmöglichkeit, die verfassungsmäßigen Voraussetzungen zu schaffen, um in derartigen Krisenlagen die Ressourcen der Bundeswehr mit nutzen zu können. Hierzu wären die Bedingungen des Art. 35, Abs. 2 und ggf. die Voraussetzungen für die Feststellung des Spannungsfalls den heutigen Notwendigkeiten anzupassen. In Politik und Gesellschaft ist diese Frage allerdings hoch umstritten. Im Folgenden soll diese Diskussion skizziert werden.

4.3 Position der Bundesregierung – Weißbuch 2016 und Anti-Terror-Übungen

Am 13.07.2016 verabschiedete das Bundeskabinett das Weißbuch 2016. In diesem skizziert die Bundesregierung auch ihre Position zur Verwendung der Bundeswehr im Innern. Obwohl ein Teil der Regierung ursprünglich eine Grundgesetzänderung für notwendig erachtet hatte, beinhaltet die Darstellung im Weißbuch nach einem teils heftigen Streit innerhalb der Großen Koalition als Kompromiss im Wesentlichen das Referieren der gültigen Verfassungslage.

Als Möglichkeit, im derzeitigen rechtlichen Rahmen die Bundeswehr im Innern einsetzen zu können, betont das Weißbuch daher die Interpretation des BVerfG von 2012, nach der die Streitkräfte zur Unterstützung der Polizeikräfte bei der wirksamen Bekämpfung eines Unglücksfalls katastrophischen Ausmaßes unter engen Voraussetzungen auch hoheitliche Aufgaben unter Inanspruchnahme von Eingriffs- und Zwangsbefugnissen wahrnehmen können. Daraus leitet die Bundesregierung die Notwendigkeit ab, „an den Schnittstellen der im Katastrophenfall zusammenarbeitenden Bundes- und Landesbehörden weiter an einer guten Zusammenarbeit zu arbeiten und diese im Rahmen von Übungen vorzubereiten“ (BMVg 2016: 110). Dieser Ankündigung im Weißbuch folgten rasch Aktivitäten. Bereits sechs Wochen später einigten sich die Verteidigungsministerin und der Innenminister des Bundes mit einer Reihe von Ländern auf eine gemeinsame Stabsrahmenübung von Polizei und Bundeswehr. In dieser soll im März 2017 das Zusammenwirken von Polizei und Bundeswehr im Falle eines Terroranschlags geprobt werden.

Als mögliche Funktionen werden dabei z. B. Feldjäger, Aufklärung, Transport, Versorgung und Sanitätsdienst ins Auge gefasst. Bei der Stabsrahmenübung sollen vorrangig Kommunikations- und Entscheidungsabläufe zwischen Polizei und Bundeswehr im Bund-Länder-Rahmen eingeübt werden. An der Übung werden (Stand November 2016)[6] sechs Länder teilnehmen: Baden-Württemberg, Bremen, Schleswig-Holstein, Bayern, das Saarland und Nordrhein-Westfalen, also sowohl solche mit CDU/CSU- als auch mit SPD- und Bündnis 90/Die Grünen-Regierungen. Den übrigen Ländern wird ein Beobachterstatus angeboten. Bei der Vorstellung des Rahmens für eine solche Übung unterstrich Bundesinnenminister Thomas de Maizière (CDU) noch einmal das Rational der Initiative. Er führte aus, es sei vorstellbar, „dass wir komplizierte, über Tage andauernde, schwierige Terrorlagen bekommen." NRW-Innenminister Ralf Jäger (SPD) betonte bei der Vorstellung, klar sei – und da sei man einer Meinung –, „dass die Bundeswehr in einem solchen Fall der Weisung der Polizei unterliege".[7]

Der Rückzug der Bundesregierung auf die Interpretation des Art. 35, Abs. 2 des BVerfG von 2012 bedeutet allerdings, dass die Sicherheitslücken im Gefahrenabwehrsystem der Bundesrepublik zwar teilweise behelfsmäßig überbrückt, jedoch nicht geschlossen werden (Walter 2013: 233). Denn der Anwendungsbereich für den Einsatz der Streitkräfte nach Art. 35, Abs. 2 GG wird – wie oben ausgeführt – durch das BVerfG äußerst eng gesehen, der Einsatz im Innern bleibt der „besondere, streng begrenzte Ausnahmefall" (Wiefelspütz 2013: 18). Es heißt in der Plenarentscheidung von 2012 klipp und klar, dass „nicht jede Gefahrensituation, die ein Land mittels seiner Polizei nicht zu beherrschen imstande ist, allein schon aus diesem Grund einen besonders schweren Unglücksfall im Sinne des Art. 35 Abs. 2…(darstellt), der den Streitkräfteeinsatz erlaubte" (BVerfG 2012: 43). Diese Formulierung bedeutet nichts anderes, als dass der Staat in Situationen, die durch die Polizeikräfte nicht bewältigt werden können, die aber noch kein „katastrophisches Ausmaß" erreichen – wer immer das feststellt –, gar nicht oder nur mit unzureichenden Mitteln reagieren kann. Das ist unter funktionalen Gesichtspunkten ein äußerst unbefriedigender Zustand.

Es bleibt zu hoffen, dass man in den beabsichtigten Übungen anhand der Übungsszenarien zu präzisieren versucht, welches die Merkmale einer Großlage von „katastrophischer Dimension" sind – das BVerfG hatte diesen Begriff nicht

[6]Die Lehren aus Bataclan. Sechs Bundesländer bereiten gemeinsame Übung von Polizei und Bundeswehr vor. FAZ vom 18.11.2016.

[7]Terrorfall-Übung von Polizei und Bundeswehr im Februar. www.bmvg.de vom 31.08.2016 (Zugriff: 19.11.2016).

weiter bestimmt,[8] – wer befugt ist, einen solchen Zustand festzustellen und dass man entsprechende Kriterien als Grundlage für das Tätigwerden der Bundeswehr erarbeitet. Ob solche Kriterien für die Verantwortlichen in einem realen Einsatz die notwendige Rechtssicherheit bringen können, muss jedoch bezweifelt werden. Denn es ist davon auszugehen, dass Kritiker von Einsätzen der Bundeswehr im Innern das BVerfG anrufen werden, um solche Kriterien überprüfen zu lassen. Mit anderen Worten: die Entscheidungsträger werden bis dahin in einer solchen Situation in einer rechtlichen Grauzone sich selbst bzw. ihrem Gewissen überlassen.

Bei dem Kurs, den die Bundesregierung mit ihrer Position im Weißbuch 2016 einschlägt – Verzicht auf eine Änderung des GG – wird die Frage ausgeklammert, inwieweit die Voraussetzungen für den Spannungsfall aufgrund der neuen Konfliktformen ggf. der Anpassung bedürfen. In diesem Zusammenhang kritisierte ein namhafter Innen- und Rechtsexperte der SPD-Bundestagsfraktion, dass der Verfassungsgesetzgeber letztmals im Jahre 1968 die Kraft gehabt hätte, aus eigener Verantwortung im Bereich der Wehrverfassung sachgerechte, verfassungsändernde Entscheidungen zu treffen (Wiefelspütz 2013: 18).

4.4 Positionen der politischen Parteien

Im Prozess der Erarbeitung des Weißbuchs 2016 war deutlich geworden, dass CDU/CSU und SPD als Partner der Großen Koalition in Berlin zur Notwendigkeit einer Weiterentwicklung des Grundgesetzes höchst unterschiedliche Auffassungen hatten. Die Arbeitsgruppe Verteidigung der CDU/CSU-Bundestagsfraktion (AGV) hatte im April 2016 in einem Positionspapier postuliert:

> Zukünftig muss die Bundeswehr im Bedarfsfall auch über die Amtshilfe hinaus ergänzend zur Polizei unterstützend einsetzbar sein. Wir können uns das Nebeneinander von Strukturen nicht mehr erlauben. Der in der Verteidigungs- und Außenpolitik erfolgreiche Comprehensive Approach muss mit einer Vernetzung aller Sicherheitsakteure Deutschlands im Inneren eine Entsprechung finden. Bei der Sicherheit der Bevölkerung gilt der Grundsatz: 'Haben ist hier besser als Brauchen' (CDU/CSU AGV 2016: 3 f.).

[8]In der Kommentierung zum GG findet man Aufzählungen wie z. B. schwere Verkehrsunfälle, schwere Flugzeug- oder Eisenbahnunglücke, Stromausfall mit Auswirkungen auf lebenswichtige Einrichtungen, Großbrände durch Brandstiftung oder Unfälle mit Strahlenrisiko (WD Bundestag 2015: 7).

Auch wenn hier der Begriff „Grundgesetzänderung“ nicht vorkommt, so lassen die Formulierungen darauf schließen, dass seitens der AGV eine solche für notwendig erachtet wurde, um die Forderungen umzusetzen. Folgerichtig versuchte die CDU-Verteidigungsministerin, eine entsprechende Absichtserklärung im Weißbuch zu verankern. So enthielt ein früherer Entwurf des Weißbuchs die Formulierung:

> Charakter und Dynamik gegenwärtiger und zukünftiger sicherheitspolitischer Bedrohungen machen hier Weiterentwicklungen erforderlich, um einen wirkungsvollen Beitrag der Bundeswehr zur Gefahrenabwehr an der Grenze von innerer und äußerer Sicherheit auf einer klaren Grundlage zu ermöglichen.[9]

Während die Verteidigungsministerin Ursula von der Leyen also anstrebte, durch eine „Weiterentwicklung“ des GG eine „klare Grundlage“ für das Tätigwerden der Bundeswehr zu schaffen, war eine Änderung der Verfassung gegen den Koalitionspartner nicht durchsetzbar. Der Absatz wurde daher in der endgültigen Fassung des Weißbuchs gestrichen. Allerdings hat die Union ihre Absicht damit noch nicht aufgegeben. In einem Beschluss des Vorstandes der Bundestagsfraktion vom 02.09.2016 heißt es: „Wir befürworten eine klarstellende Regelung im Grundgesetz zum Einsatz der Bundeswehr im Innern“ (CDU/CSU FV 2016: 3).

Und es gibt sogar einen noch weitergehenden Vorstoß: der Abgeordnete Roderich Kiesewetter, Obmann im Auswärtigen Ausschuss und stellvertretendes Mitglied im Verteidigungsausschuss, bis zum Sommer 2016 auch Präsident des Verbandes der Reservisten der Bundeswehr, regte an, „Reservisten der Bundeswehr (könnten) der Polizei als eine Art Nationalgarde helfen“.[10] Es dürfte unstreitig sein, dass die Realisierung solcher Vorstellungen einer Verfassungsänderung bedürfte, die deutlich über die bisherigen Überlegungen hinaus ginge.

Zusammenfassend ist somit festzustellen, dass die Positionen der Union mehr die funktionale als die ideologische Betrachtungsweise der Problematik widerspiegeln.

Die abweichenden Positionen der SPD traten – wie bereits erwähnt – im Prozess der Erarbeitung des Weißbuchs deutlich zutage. Parteichef Siegmar Gabriel und Außenminister Frank-Walter Steinmeier schlossen eine Grundgesetzänderung, wie sie im Weißbuchentwurf des BMVg enthalten war, kategorisch aus.[11]

---

[9]Das Grundgesetz wird nicht geändert. SZ-Online vom 05.05.2016.

[10]Landeszeitung Lüneburger vom 19.08.2016.

[11]Keine Grundgesetzänderung für Bundeswehr im Innern. Spiegel-Online vom 24.05.2016.

Und selbst nachdem die SPD-Minister in der Bundesregierung die Kompromissformulierungen im Weißbuch mitgetragen hatten, regte sich in der Partei Widerstand. So sprach die Generalsekretärin der Partei, Katarina Barley, von einer „Militarisierung der öffentlichen Sicherheit", die es mit der SPD nicht geben werde. „Anstatt über einen Einsatz der Bundeswehr im Inneren zu sprechen, sollten wir weiter daran arbeiten, unsere Polizei zu stärken". Der Hamburger Bürgermeister Olaf Scholz wird mit den Worten zitiert: „Wir haben aus gutem Grund sehr hohe verfassungsrechtliche Hürden für einen solchen Einsatz der Streitkräfte", wer die Hürden absenken wolle, der müsse das Grundgesetz ändern, „und dafür gibt es keine Mehrheit".[12]

In einer Sitzung des Arbeitskreises Sicherheitspolitik der SPD in Berlin wird zwar anerkannt, dass hybride Gefährdungen nach „hybrider Analysefähigkeit und Verteidigungsbereitschaft" sowie entsprechenden Fähigkeiten verlangen (SPD AK SiPo 2016: 2), gleichzeitig wird jedoch festgestellt, „die Ablehnung eines Bundeswehreinsatzes im Innern (über die bereits laut Grundgesetz bestehenden Möglichkeiten hinaus) ist nahezu Konsens in der SPD" (ebenda: 4).

Im gleichen Sinne beinhaltet eine Beschlussvorlage der SPD-Bundestagsfraktion, die als Reaktion auf den Vorstoß des CDU-Bundesvorstandes vom 02.09.2016 zu werten ist, die „strikte Ablehnung" einer Verfassungsänderung.[13]

Somit ist feststellbar, dass die Positionen in der SPD mehr von der ideologischen als von der funktionalen Perspektive geprägt sind. Die Notwendigkeit einer Anpassung der Sicherheitsvorsorge wird zwar z. T. erkannt, aber eine Änderung der Verfassung ist bei solchen Überlegungen tabu.

Die Positionen der Linkspartei basieren auf ihrer traditionell kritischen Haltung gegenüber der Bundeswehr. In Vorbereitung auf die Bundestagswahlen 2013 hatte ihre Bundestagsfraktion Einsätze im Inland unter den eng gefassten Voraussetzungen des Art. 35 GG noch als verfassungskonform angesehen.[14] Nach der Verabschiedung des Weißbuchs 2016 beklagte MdB Ulla Jelpke jedoch, dass seit dem Einsatz in Heiligendamm 2007 der Trend feststellbar sei, der Bundeswehr, „die im Inneren eigentlich nur in absoluten Ausnahmesituationen eingesetzt werden sollte, … systematisch eine tragende Rolle bei der Inneren Sicherheit (zu verschaffen)". Das Bundesverfassungsgericht habe mit der Entscheidung von 2012,

[12]SPD will Bundeswehr nicht üben lassen. Bayernkurier vom 04.08.2016.

[13]CDU provoziert SPD in Grundgesetz-Frage. Stuttgarter Zeitung vom 01.09.2016.

[14]https://www.die-linke.de/die-linke/wahlen/archiv/archiv-bundestagswahl-2013/positionen/stichworte-von-a-bis-z/a-d/bundeswehr/ (Zugriff: 07.12.2016).

die Bundeswehr dürfe bei Terroranschlägen mit „katastrophischen" Dimensionen auch mit scharfen Waffen zum Einsatz kommen, „eine Tür geöffnet, durch die nun die Union am liebsten mit dem Panzerwagen durchfahren möchte".[15] Auch hier dominiert also eindeutig die ideologische Perspektive die funktionale.

Die Position von Bündnis 90/Die Grünen geht ebenfalls von dem ideologisch geprägten Axiom aus. Dieses wird z. B. in der Formulierung einer kleinen Anfrage nach dem Anschlag in München deutlich, in der es heißt:

> Die verfassungsrechtlichen Vorgaben für die Trennung von Polizei und Militär sind auch die direkte Lehre aus der deutschen Geschichte.[16]

Analog dazu heißt es auf der Homepage der Bundestagsfraktion und in der gleichen parlamentarischen Anfrage, dass die Leistungen der Bundeswehr in der Amtshilfe zwar „hervorragend" seien. Allerdings dürften solche positiven Leistungen und ihre positive Wahrnehmung durch die Bevölkerung auch angesichts terroristischer Bedrohungslagen im Innern nicht zum „Vehikel klammheimlicher Militarisierung von Polizeiaufgaben sowie zur Überwindung der grundsätzlichen Trennung von Militär und Polizei werden". Es wird gefordert, dass „Polizeiaufgaben wie die Terrorismusbekämpfung (…) Sache von Polizeiprofis bleiben (müssen). Bundeswehreinsätze im Innern schließt das Grundgesetz hier zu Recht grundsätzlich aus."[17]

Die Position wurde durch einen Beschluss des Vorstandes der Bundestagsfraktion am 02.09.2016 bekräftigt, in dem es heißt:

> Einer Militarisierung der Innenpolitik erteilen wir eine klare Absage, genau wie ihren symbolpolitischen Vorboten in Form von gemeinsamen Übungen von Polizei und Bundeswehr, die über das verfassungsrechtlich erlaubte hinausgehen (B 90/Die Grünen FraVo 2016: 1).

Dementsprechend werden eine Reihe von Maßnahmen gefordert, die auf eine personelle Verstärkung und bessere Ausstattung der Polizeikräfte und eine Verzahnung der Sicherheitskräfte von Bund und Ländern abzielen, allerdings ohne die Ressourcen der Bundeswehr.

---

[15]https://www.linksfraktion.de/themen/nachrichten/detail/bundeswehreinsaetze-im-inland-sind-eine-gefahr-fuer-unsere-sicherheit/ (Zugriff: 07.12.2016).

[16]Deutscher Bundestag, Drs. 18/9153 vom 04.08.2016, S. 1 f.

[17]https://www.gruene-bundestag.de/themen/innenpolitik/bundeswehr-ist-keine-hilfspolizei.html (Zugriff: 07.12.2016).

Auch die FDP lehnt den Einsatz der Bundeswehr im Innern ab. Der stellvertretende Parteivorsitzende Wolfgang Kubicki sprach nach dem Münchener Anschlag von einem „reflexartigen Ruf nach der Bundeswehr als einem Ablenkungsmanöver" und wies die Forderungen nach einem Einsatz der Bundeswehr aus der ideologischen Perspektive als „nicht nur geschichtsvergessen, sondern auch völlig unausgegoren" zurück.[18] Parteichef Christian Lindner sprach von einer „Symboldebatte", man müsse vielmehr über die Polizeistärke und Ausstattung sprechen. Er fügte allerdings hinzu: „Ich habe keinen Zweifel, dass sich in einer außergewöhnlichen Katastrophenlage die Bundeswehr einbringen kann."[19]

In solchen Äußerungen wird die Position erkennbar, dass die Kräfte der Polizei in bestimmten Situationen durchaus nicht ausreichen könnten, aber man gehe davon aus, wenn Not am Manne sei, dann werde schon jemand handeln.

Auch die AfD formuliert ihre Haltung zur Frage des Einsatzes der Bundeswehr im Innern primär aus der ideologischen Sicht. Das Parteiprogramm sagt dazu nichts. Aber das Vorstandsmitglied Georg Padzerski führte exakt in dem Sinne aus:

> Der Einsatz der Bundeswehr im Innern ist aus gutem Grund ein Tabu in Deutschland. Die Trennung von Zuständigkeiten der Streitkräfte und Polizei hat sich in der Geschichte der Bundesrepublik bewährt und sollte auf gar keinen Fall aus wahltaktischen Überlegungen einfach so aufgeweicht werden.

Und so forderte er eine bessere Vernetzung, mehr Personal, eine bessere und auf die Terrorgefahr zielgerichtete Ausbildung und moderne Ausstattung und schlägt eine „deutsche Bundespolizei, nach dem Vorbild des US-amerikanischen FBI" vor.[20]

Zusammenfassend ist damit festzustellen, dass derzeit (Ende 2016) außer der Union alle relevanten Parteien in Deutschland eine Anpassung von Art. 35 GG zur besseren Nutzung der Ressourcen der Bundeswehr in extremen Situationen ablehnen, zumeist aus der ideologischen Perspektive, z. T. mit der „augenzwinkernden" Erwartung, wenn nötig, werde man die Ressourcen schon verfügbar machen. Als ein „Hilfsargument" wird verbreitet auch angeführt, die Bundeswehr

---

[18] https://www.fdp.de/justiz-und-rechtspolitik_reflexartiger-ruf-nach-der-bundeswehr-ist-ablenkungsmanoever (Zugriff: 07.12.2016).

[19] https://www.fdp.de/innen_wir-muessen-die-nerven-behalten (Zugriff: 07.12.2016).

[20] https://www.alternativefuer.de/pazderski-ein-deutsches-fbi-statt-bundeswehr-im-inneren/ (Zugriff: 07.12.2016).

seit für solche Missionen weder ausgebildet noch ausgerüstet.[21] Und die Frage einer Weiterentwicklung des Spannungsfalls mit Blick auf die neuen Konfliktformen, die nicht durch klassische Waffengewalt erfolgen, und bei denen auch nicht feststellbar ist, wer hinter solchen Angriffen steht, wird von keiner Partei in die Debatte eingebracht.

4.5 Positionen der Polizeigewerkschaften und des Bundeswehrverbandes

Kurz nach Veröffentlichung des Weißbuchs 2016 und nach dem Terroranschlag beim Münchener Olympia-Einkaufszentrum meldeten sich auch die Berufsvertretungen von Polizei und Bundeswehr mit ablehnenden Stellungnahmen zu Wort.

Der Chef der Gewerkschaften der Polizei (GdP), Rainer Wendt, sagte, es seien viele „blödsinnige Ideen" im Umlauf. Es bedürfe nicht der Bundeswehr, „weil wir uns nicht im Krieg befinden, sondern wir brauchen qualifizierte Polizisten." Ähnlich äußerte sich der Chef der Deutschen Polizeigewerkschaft (DPolG), Oliver Malchow. Die Sicherheitsbehörden seien gut aufgestellt und hätten in den vergangenen Tagen sehr gute Arbeit geleistet. Es gebe „keinen Anlass zu Diskussionen über eine Nationalgarde oder den Einsatz der Bundeswehr im Inneren".[22]

Wenig später nahmen die Vertreter der beiden Gewerkschaften allerdings auch die funktionale Perspektive ein und stellten fest, dass es zu wenig Polizeibeamte gäbe. Malchow verwies auf Personallücken in den Ländern, „die jahrzehntelang Stellen im öffentlichen Dienst gestrichen haben", und forderte mindestens 20.000 zusätzliche Polizisten.[23] Analog formulierte der Vorsitzende der GdP für den Bereich der Bundespolizei, Jörg Radek, dass die Bundespolizei nicht über ausreichend flexibel einsetzbare Kräfte verfüge, um besondere polizeiliche Lagen in der Zuständigkeit des Bundes und die verfassungsrechtlich gebotene Unterstützung der Länder zu gewährleisten, und forderte eine deutliche Aufstockung der Bereitschaftspolizei um 920 zusätzliche Polizeivollzugsbeamte.[24] Aus dieser funktionalen

[21] Falscher Alarm. Zeit-Online vom 26.07.2016.

[22] http://www.n-tv.de/politik/Polizeivertreter-aergert-Sicherheitsdebatte-article18278431.html (Zugriff: 09.12.2016).

[23] Polizeigewerkschaft fordert 20.000 Polizisten mehr. Berliner Morgenpost vom 30.07.2016.

[24] https://www.gdp.de/gdp/gdp.nsf/id/de_gdp-bundespolizei-debatte-ueber-den-einsatz-der-bundeswehr-ist-ein-ablenkungsmanoever- (Zugriff: 09.12.2016).

Betrachtung ziehen die Gewerkschaften allerdings Folgerungen im Sinne der von ihnen vertretenen Berufsgruppen. Denn mehr Beamte bedeuten auch mehr Stellen für Führungspersonal und damit bessere Aufstiegsmöglichkeiten. Und in dieser Zielsetzung sind Überlegungen, die Bundeswehr zur Unterstützung heranzuziehen, für die Gewerkschaften eine Bedrohung einer solchen Position. Auf der Homepage der DPolG wird das unverblümt ausgesprochen:

> Es darf nicht sein, dass sich die Länder zur Entlastung ihrer Personalhaushalte 'preiswerte' Objektschützer holen. Natürlich bringt die Gefahrenlage – nicht zuletzt durch die permanente Bedrohung durch den internationalen Terrorismus – die Polizei an die Grenzen ihrer personellen Ressourcen. Aber ein Einsatz der Bundeswehr im Innern ist nicht die Lösung des bestehenden Personalmangels bei der Polizei (DPolG 2016).

Diese Position ist aufgrund der Erfahrungen der letzten Jahrzehnte nicht von der Hand zu weisen.[25] In der Argumentation bleibt allerdings unerwähnt, dass ein Aufwuchs, wie ihn die Gewerkschaften fordern, mindestens ein halbes Jahrzehnt oder länger dauern dürfte. Und selbst wenn es genügend Ressourcen geben sollte, um den Personalkörper der Polizei derart zu vergrößern, könnten Engpässe in Großlagen nicht ausgeschlossen werden, sodass die Frage der Hilfe durch die Bundeswehr damit nicht vom Tisch ist.

Also reicherte der DPolG-Vorsitzende seine Argumentationslinie noch dadurch an, dass er den Soldaten die Qualifikation für eine Unterstützung der Polizei absprach. Er formulierte im Morgenmagazin des ZDF:

> Wir brauchen Ermittler, wir brauchen Polizisten, die rechtsstaatlich ausgebildet sind und im Rahmen der Verhältnismäßigkeit der Mittel dann die notwendigen Maßnahmen treffen…Und das ist eine komplizierte Aufgabe, die einer hohen Qualifikation bedarf. Dieses kann die Bundeswehr nicht leisten.[26]

[25]Der Autor führte 2003 – als Nationaler Territorialer Befehlshaber – ein Gespräch mit dem Chef der bayerischen Staatskanzlei. Der forderte mehr Soldaten für die Bewachung der US-Einrichtungen, bei denen die Bundeswehr aus den o. a. Gründen nicht eingesetzt war. Auf den Hinweis, dass die Bundeswehr Objektschutzverbände aufstellen müsste, wenn solche Aufgaben dauerhaft auf sie zu kämen, weil diese ja von Truppenteilen erfüllt würden, die andere Aufgaben hätten, erwiderte der Chef der Staatskanzlei: „Dann kann ich ja gleich meine Bereitschaftspolizei verstärken".

[26]GdP: Bundeswehr kann bei Terror gar nicht helfen. FAZ-Net vom 01.08.2016.

Auch die GdP argumentiert auf dieser Linie. In einem Positionspapier vom November 2016 heißt es:

> Soldatinnen und Soldaten sind nicht mit den polizeispezifischen Gesetzen vertraut. Sie sind weder ausgebildet noch befugt, über die allen Bürgerinnen und Bürgern zustehenden Befugnisse (§§ 127 StPO,[27] 32 und 34 StGB[28]) hinaus, unmittelbaren Zwang gegen Störer auszuüben (GdP 2016: 2).

Dieses Argument einer mangelnden Qualifikation von Soldaten wird noch zu diskutieren sein.

Insgesamt lehnt die GdP inzwischen nicht nur den Einsatz der Bundeswehr im Innern ab, sondern auch Großübungen der Polizei mit der Bundeswehr zu terroristischen Szenarien, bei denen der Bundeswehr polizeiliche Aufgaben übertragen werden. Sie fordert, alle Fähigkeitslücken bei der Polizei zu beseitigen, auch die der Gefahrenabwehr auf See (ebenda: 3) – in einer solchen Formulierung wohl eine utopische Forderung.

Das Pendant zu den Polizeigewerkschaften, der Deutsche Bundeswehrverband (DBWV) als Berufsverband der Soldaten, war lange Zeit mit den Gewerkschaften einig, dass es zu keiner „Aufweichung der bewährten Aufgabentrennung zwischen dem Schutz der inneren und äußeren Sicherheit durch Polizei und Bundeswehr" kommen solle.[29] Das Rational für diese Zurückhaltung war vorrangig ein defensives: es ging im Wesentlichen um die Vermeidung einer weiteren Belastung der Truppe mit Aufgaben, für die sie personell nicht ausgelegt war. Wie die Erfahrungen z. B. mit der Kasernenbewachung 2003/2004 gezeigt hatten (S. Abschn. 2.2), ist das keine unbegründete Sorge.

Dieses brachte der Bundesvorsitzende des DBWV, André Wüstner, 2015 auf die Formel:

> Wer mehr Schutz vor Anschlägen will, muss die Polizei personell verstärken. Die Bundeswehr ist immer zur Stelle, wenn akute Not im Einzelfall herrscht. Aber darüber hinaus hat sie genug andere Aufgaben im Einsatz und im Grundbetrieb.[30]

---

[27] § 127 StPO regelt die vorläufige Festnahme durch Jedermann.

[28] §§ 32 und 34 StGB regeln die Notwehr und den rechtfertigenden Notstand.

[29] So in einer gemeinsamen Presseerklärung der GdP und des DBWV vom 24.10.2006. https://www.gdp.de/gdp/gdp.nsf/id/p61003/$file/p61003BundeswehrimInnern.pdf (Zugriff: 09.12.2016).

[30] Soldaten zum Schutz vor Anschlägen auch bei uns? Die Bundeswehr, März 2015: 29.

Diese Position präzisierte der Verband nach Herausgabe des Weißbuchs 2016. Jetzt hieß es, man sehe „einen kurzfristigen und punktuellen Einsatz der Streitkräfte zur Abwehr eines konkreten Terroranschlags als möglich" an. Jedoch dürfe der tatsächliche Einsatz der Bundeswehr in solchen Fällen immer nur als „Ultima ratio, also nur im äußersten Ausnahmefall erfolgen". Denn zum einen seien die Streitkräfte für die Übernahme der polizeilichen Aufgaben nicht ausgebildet – hier wird das gewerkschaftliche Argument aufgegriffen –, zum anderen erlaube es der Personalkörper der Bundeswehr nicht, dauerhaft Aufgaben im Innern wahrzunehmen.[31] Allerdings sprach sich André Wüstner, im Gegensatz zur GdP, für gemeinsame Übungen aus:

> Solche Übungen sind unverzichtbar. Wer sich dagegen sperrt, handelt im höchsten Maße verantwortungslos! …
>
> Heute muss sich Deutschland zusätzlich mit der Gefahr terroristischer Großlagen auseinandersetzen, ich denke beispielsweise an Anschläge von mehreren Terroristen an unterschiedlichen Orten gleichzeitig, mit Schusswaffen, Sprengsätzen oder Giftgas.
>
> In solchen komplexen Szenarien ist es unverzichtbar, dass die Behörden und Einsatzkräfte länderübergreifend Ansprechpartner, Schnittstellen und Verfahren kennen – und auch die jeweilige Leistungsgrenze einzelner Akteure.[32]

Wüstner betonte unter Hinweis auf die Reduzierungen bei der Polizei in den letzten 20 Jahren aber auch noch einmal, dass die Bundeswehr den Personalabbau bei der Polizei nicht als Lückenfüller kompensieren könne und solle.

[31]Homepage des DBWV https://www.dbwv.de/C12574E8003E04C8/Print/W2AC7GQL671DBWNDE (Zugriff: 09.12.2016).

[32]Presseerklärung vom 31.08.2016. http://www.presseportal.de/pm/12472/3417442 (Zugriff: 09.12.2016).

5 Fähigkeiten der Bundeswehr für die Wahrnehmung von mehr Aufgaben im Innern

Im letzten Kapitel wurde dargestellt, dass sowohl die Polizeigewerkschaften als auch der Deutsche Bundeswehrverband das Argument gebrauchen, die Soldaten der Bundeswehr seien aufgrund fehlender Qualifikation nicht in der Lage, Aufgaben zur Unterstützung der Polizei wahrzunehmen. Insbesondere seien sie nicht rechtsstaatlich ausgebildet, um im Rahmen der Verhältnismäßigkeit der Mittel notwendige Maßnahmen zu ergreifen, sie seien nicht mit den polizeispezifischen Gesetzen vertraut und auch nicht ausgebildet, über die allen Bürgerinnen und Bürgern zustehenden Befugnissen hinaus, unmittelbaren Zwang gegen Störer auszuüben. Im Folgenden soll diskutiert werden, inwieweit diese Argumentation zutrifft bzw. ob sie nur als Scheinargument verwendet wird.

Zunächst soll noch einmal kurz wiederholt werden, welche Aufgaben sinnvoller Weise auf die Bundeswehr zukommen könnten, vorausgesetzt, es würde ein rechtlicher Rahmen für solche Einsätze geschaffen.

In Abschn. 3.2 war schon darauf hingewiesen worden, dass die Konferenz der Innenminister und -senatoren die CBRN-, SAR-, Aufklärungs-, Lufttransport-, Pionier- und sanitätsdienstlichen Fähigkeiten der Bundeswehr als relevant für den Bevölkerungsschutz identifiziert hatte, wobei diese Fähigkeiten teilweise nur bei der Bundeswehr vorhanden sind („Unikatfähigkeiten"), teilweise grundsätzlich auch bei zivilen Stellen, aber nicht in ausreichender Anzahl.[1] Darüber hinaus ist ein wesentlicher Faktor die Fähigkeit der Bundeswehr, bei Bedarf kurzfristig erhebliche Personalstärken verfügbar machen zu können. Dieses Reservoir kann – wie oben bei der Darstellung der Einsätze bei großen Naturkatastrophen skizziert wurde – eine Größenordnung von mehreren Zehntausend Soldaten erreichen. Angesichts von (nur) rund 20.000 Polizeibeamten der

[1]Deutscher Bundestag, Drs. 18/9619 vom 13.09.2016, S. 10.

© Springer Fachmedien Wiesbaden GmbH 2017

U. von Krause, *Der Einsatz der Bundeswehr im Innern,* essentials,
DOI 10.1007/978-3-658-17401-9_5

Bereitschaftspolizei – ca. 16.000 Beamten in den Einsatzhundertschaften der Länder und rund 4000 Bereitschaftspolizisten der Bundespolizei[2] – ist das eine durchaus relevante Größenordnung. Diese Masse an Personal käme zur Unterstützung der Polizei beim Schutz von Objekten infrage, wenn deren Kräfte nicht ausreichen.

Wie steht es um die Fähigkeiten der Bundeswehrsoldaten für solche Aufgaben? Zweifelsohne ist die Feststellung richtig, dass Soldaten nicht mit den Polizeigesetzen von 16 Bundesländern (die sich allerdings stark ähneln) sowie mit dem Bundespolizeigesetz vertraut sind. Allerdings erhalten alle Soldaten eine Ausbildung für den Wachdienst auf der Basis des UZwGBw, in der auch Grundkenntnisse der Kategorien Rechtsstaatlichkeit und Verhältnismäßigkeit der Mittel gelehrt werden. Soldaten, die in Auslandseinsätze geschickt werden, lernen über die allgemeine Wachausbildung hinaus die Einrichtung und den Betrieb von Check-Points und sammeln in den Einsätzen entsprechende Erfahrungen. Auf dieser Basis wäre von der Ausbildung ein Einsatz vieler, wenn nicht sogar der meisten Soldaten im Objektschutz möglich, z. B. von kritischer Infrastruktur, wie auch die Bewachung der US-Kasernen und die Einsätze beim G 8-Gipfel in Heiligendamm gezeigt haben. Voraussetzung wäre, dass solche Objekte durch Anpassung der Rechtslage zu militärischen Sicherheitsbereichen erklärt werden könnten (oder eine andere Rechtsgrundlage für den Einsatz geschaffen würde). Solche Einsätze hätten unter der Verantwortung der Einsatzleiter der Polizei zu erfolgen, die gegenüber den militärischen Führern Weisungsbefugnis und für die Konformität mit dem jeweiligen Polizeigesetz Sorge zu tragen hätten.

Eine Truppengattung der Bundeswehr hat deutlich darüber hinausgehende Fähigkeiten, die für eine Unterstützung der Polizei relevant sein könnten, die Feldjäger als Militärpolizei. Das Kommando Feldjäger der Bundeswehr verfügt über rund 2700 Soldaten (Kdo Feldjäger 2015: 127). Diese nehmen zunächst auf die Bundeswehr beschränkte Inlandsaufgaben wahr, vorrangig den militärischen Ordnungsdienst und den militärischen Verkehrsdienst (ebenda: 42). Mit den Auslandseinsätzen kamen Ende der 1990 Jahre Aufgaben auf die Feldjäger hinzu, die im Inland den Polizeibehörden obliegen, z. B. Personenschutz, Erhebungen und Ermittlungen, Einsatz von Diensthunden, Zugriff oder Überwachung von unfriedlichen Menschenansammlungen und Eindämmung von Krawallen (Crowd and Riot Control) (Thieser 2007: 2 ff.). Die dafür notwendigen Fähigkeiten erwerben

[2]Zahlen der Länderpolizeien: http://www.bmi.bund.de/DE/Themen/Sicherheit/Bundespolizei/Inspekteur-Bereitschaftspolizeien/inspekteur-bereitschaftspolizeien_node.html (Zugriff: 22.12.2016), Zahlen der Bundespolizei: http://www.bundespolizei.de/Web/DE/05Die-Bundespolizei/07Daten-Fakten/Daten-Fakten_node.html (Zugriff: 22.12.2016).

die Feldjäger durch verschiedene Zusatzausbildungen. Sie verfügen auch über die notwendige Ausrüstung, von Helmen und Schilden über Pfefferspray bis hin zu Fahrzeugen, die als Wasserwerfer eingesetzt werden können (Kdo Feldjäger 2015: 71). Solche Fähigkeiten wären zur Unterstützung der Polizei ebenfalls im Inland abrufbar und könnten die Wahrnehmung auch von anspruchsvolleren Aufgaben ermöglichen, die über den reinen Objektschutz hinausgingen.

Und schließlich verfügt die Bundeswehr auch über Spezialkräfte. Solche Einheiten sind für die Bewältigung von schwierigen Antiterrorlagen trainiert und ausgerüstet. Die Bundespolizei hält hierfür die Grenzschutzgruppe 9 (GSG 9) und die Länder Sondereinsatzkommandos (SEK) vor.[3] Spezialkräfte stellen eine hochwertige und knappe Ressource dar. Ihre Bedeutung nimmt aufgrund der Terrorgefahr und der wachsenden Zahl von Anschlägen zu.

Die rund 1000 Soldaten der Spezialkräfte der Bundeswehr sind im Kommando Spezialkräfte (KSK) des Heeres, einer Kampfschwimmerkompanie der Marine sowie einer fliegenden Staffel eines Hubschraubergeschwaders der Luftwaffe organisiert. Sie verfügen über die Fähigkeiten zum Aufklären und Überwachen wichtiger militärischer Ziele in Krisen- und Konfliktgebieten, gegebenenfalls zum Kampf gegen Ziele mit hoher Priorität und können für das Retten und Befreien von Personen aus Bedrohungslagen eingesetzt werden (BMVg 2009: 2 f.). Dieses Fähigkeitsspektrum deckt sich zu einem erheblichen Teil mit dem der GSG 9 bzw. der SEK. Die Aufgabenteilung zwischen GSG 9 und KSK ist durch die Rechtslage definiert: die GSG 9 ist auf deutschem Territorium und im friedlichen Ausland zuständig. Das KSK übernimmt die schwierigeren Einsätze in Kriegsgebieten, wenn zu der Geiselnahme noch ein gefährliches Umfeld hinzukommt.[4] Bei einer Änderung der Rechtslage könnten diese Fähigkeiten auch im Inland zur Beherrschung von Terrorlagen nutzbar gemacht werden, wenn die Spezialkräfte

[3]Alle Bundesländer gemeinsam verfügen über mehr als 20 SEK, jedes Bundesland hat mindestens eines,(NRW 6, Bayern und Hessen je 2. (Zahlen von 2010, http://www.polizei-web.com/landespolizei/sek. Zugriff: 23.12.2016).

[4]Dass dieses nicht immer reibungslos verläuft, zeigte die Entführung des deutschen Frachters „Hansa Stavanger“ durch Piraten vor der Küste Somalias 2009. Zwischen Innen- und Verteidigungsministerium war umstritten, ob das Militär oder die Polizei zuständig sei: Einerseits galt der Frachter als deutsches Territorium, was für einen Einsatz der GSG 9 gesprochen hätte, andererseits war das Umfeld mit den militärisch bewaffneten Piraten und dem gescheiterten Staat Somalia eindeutig feindlich und die deutsche Marine in dem Seegebiet bereits im Einsatz. So kam es zu keiner Befreiungsoperation. Vier Monate nach dem Überfall kam die Besatzung der „Hansa Stavanger“ schließlich nach einer Lösegeldzahlung in Millionenhöhe frei. Quelle: „So laufen die geheimen Einsätze der deutschen Elitetruppe“. In: Welt-Online vom 16.12.2016.

der Polizei an ihre Leistungsgrenze kämen – angesichts der zunehmenden Häufigkeit von Anschlägen ein durchaus realistisches Szenario.

Zusammengefasst ist somit feststellbar: die Bundeswehr hätte vielfältige Fähigkeiten, um in Ausnahmesituationen die Polizeikräfte zu unterstützen: eine große Zahl von Soldaten für den Objektschutz und spezialisierte Fähigkeiten der Feldjäger sowie der Spezialkräfte. Diese Fähigkeiten hat sie in den Auslandseinsätzen und z. T. auch in umstrittenen Inlandseinsätzen unter Beweis gestellt. Hinzu kommen Fähigkeiten, die für eine Unterstützung der Organisationen des Bevölkerungsschutzes relevant sind.

6 Schlussfolgerung

Als Ergebnis der vorstehenden Überlegungen kann man festhalten:

Im Gegensatz zu seinen Nachbarländern ist in Deutschland die Einstellung von Gesellschaft und Politik zum Einsatz der Streitkräfte im Innern bis heute historisch geprägt. Das Trauma der Deutschen – nach Militarismus, Diktatur und verlorenem Krieg – hatte bei der Gründung der Bundeswehr vor 60 Jahren zu einer breiten gesellschaftlichen Ablehnung alles Militärischen geführt (von Krause 2013: 36 ff.). Diese Grundstimmung verband sich mit der Furcht vor einem Missbrauch des Militärs für einen Staatsstreich, was zu der im Grundgesetz verankerten strikten Trennung zwischen innerer und äußerer Sicherheitsvorsorge führte. Auch nach kleinen Veränderungen der Rechtslage im Zuge der sog. Notstandsgesetzgebung 1968 bestehen bis heute die äußerst engen verfassungsrechtlichen Grenzen fort, die nur geringen Spielraum bieten, um Fähigkeiten der Bundeswehr – über Amtshilfe in Katastrophenfällen hinaus – zur Unterstützung von Polizeikräften zu nutzen. Mit seiner Entscheidung von 2012 hat das BVerfG diesen Spielraum zwar minimal erweitert, die Folgerungen aus dieser Entscheidung sind jedoch politisch hoch umstritten, nicht zuletzt, weil das BVerfG mit der Formulierung der „katastrophischen Dimension“ als Voraussetzung für Einsätze der Bundeswehr im Innern bemerkenswert unpräzise geblieben ist. Damit ergibt sich der Befund, dass der Staat die Schutzfunktion für seine Bürger in Situationen, die keine „katastrophische Dimension“ aufweisen, ggf. nicht unter Einsatz aller Mittel ausüben kann. Es sind Lagen denkbar, in denen die Polizeikräfte nicht ausreichen und die Bundeswehr nicht eingesetzt wird, weil sie von der Verfassung her nicht eingesetzt werden darf.

Dieses wiegt umso schwerer, als die Grenzen zwischen innerer und äußerer Sicherheit sowie zwischen den völkerrechtlichen Tatbeständen Krieg und Nichtkrieg zunehmend verwischt werden, sodass moderne Gesellschaften vor Herausforderungen stehen, die 1955 bzw. 1968 nicht vorhersehbar waren. Wachsende

© Springer Fachmedien Wiesbaden GmbH 2017

U. von Krause, *Der Einsatz der Bundeswehr im Innern,* essentials,
DOI 10.1007/978-3-658-17401-9_6

Terrorgefahr und in jüngster Zeit auch zunehmend reale Terroranschläge, wie die in München, Ansbach, Würzburg oder Berlin, machen deutlich, dass die Anforderungen an die Sicherheitsbehörden stark ansteigen. Beim Terroranschlag in München wurden z. B. die bayerischen Polizeibehörden durch mehrere SEK anderer Länder, die GSG 9 sowie das österreichische Sondereinsatzkommando Cobra unterstützt.[1] Wenn man sich das nicht unrealistische Szenario vorstellt, dass mehrere solcher Anschläge an verschiedenen Orten gleichzeitig verübt werden, dann dürften die Sicherheitsbehörden an ihre Leistungsgrenze gelangen.

Auch die Erfahrungen mit verdeckten Maßnahmen unterhalb der Schwelle offener militärischer Operationen bei der Annektion der Krim durch Russland oder großflächige Cyberattacken werfen die Frage auf, wie die polizeilichen Kräfte und Mittel allein solchen Herausforderungen gewachsen wären.

Für viele dieser Szenarien verfügt die Bundeswehr über Fähigkeiten, die als Ergänzung der polizeilichen Instrumente geeignet wären, deren Einsatz jedoch aufgrund der restriktiven grundgesetzlichen Bestimmungen fraglich ist. Der vom BVerfG im Kontext des Art. 35, Abs. 2 GG geprägte unbestimmte Begriff der „katastrophischen Dimension" eines besonders schweren Unglücksfalls trägt nicht zur Rechtssicherheit bei. Das könnte Entscheidungsabläufe behindern und die Verantwortlichen in einer rechtlichen Grauzone sich selbst bzw. ihrem Gewissen überlassen. Man könnte sogar den Eindruck gewinnen, dass die Politik sich vor Änderungen drückt und dabei „klammheimlich" davon ausgeht, dass schon irgendjemand entscheiden würde – gem. dem Sprichwort „Not kennt kein Gebot". Auch die Hilfe beim Bevölkerungsschutz, die als Amtshilfe prinzipiell unproblematisch wäre, ist aufgrund der gegenwärtigen gesetzlichen Beschränkungen hinsichtlich der Eigensicherung von Bundeswehrkräften umstritten, wie die Einsätze rund um Heiligendamm gezeigt haben. Darüber hinaus wäre ohne eine Verkündigung des Spannungsfalles gem. Art. 80 a GG eine Unterstützung der Sicherheitsbehörden bei Angriffen im Spektrum hybrider Kriegführung durch militärische Kräfte der Bundeswehr – und hier ist vor allem an Spezialkräfte zu denken – nicht zulässig.

Aus all dem folgt, dass aus funktionaler Sicht eine Öffnung der Möglichkeit geboten ist, die Fähigkeiten der Bundeswehr in Situationen nutzen zu können, in denen die polizeilichen Sicherheitskräfte überfordert sind. Hierzu erscheint eine Weiterentwicklung des Grundgesetzes erforderlich, sodass Einsätze der Streitkräfte zur Unterstützung der Polizeikräfte vom Grundsatz her zulässig würden – auf deren Anforderung und unter deren Gesamtverantwortung. Weiterhin wäre der Tatbestand

---

[1] http://tirol.orf.at/news/stories/2787303/ (Zugriff: 23-12-2016).

des Spannungsfalls so zu verändern, dass ein Einsatz der Bundeswehr zur Abwehr von Gefahren im hybriden Bedrohungsspektrum erfolgen könnte – ein im aktuellen politischen Diskurs weitestgehend ausgeklammerter Aspekt.

Die politische Diskussion in Deutschland verläuft jedoch ideologisch geprägt. Seit fast 100 Jahren gibt es keinen historischen Beleg dafür, dass deutsche Streitkräfte einen Militärputsch geplant hätten.[2] Insbesondere kann es an der Verfassungstreue der obersten militärischen Führung der Bundeswehr, die zudem fest in ein politisches Kontrollsystem eingebunden ist (von Krause 2013: 70 ff.), keinen Zweifel geben. Dennoch gilt es für weite Kreise der Gesellschaft als ein Tabu, über eine Änderung des Grundgesetzes nachzudenken oder zu diskutieren, die strikte Trennung der Zuständigkeiten der Polizei und der Streitkräfte zu lockern. Eine solche Diskussion wird mit dem Hinweis auf die angebliche „verfassungsrechtlichen DNA der Bundesrepublik", aber auch mit der pauschalen Behauptung, die Streitkräfte seien gar nicht in der Lage, solche Aufgaben zu erfüllen, abgewürgt. Seit dem Terroranschlag in Berlin am 20.12.2016 ist eine intensive Debatte um die innere Sicherheit entbrannt. In seinen Vorschlägen zu einer Neustrukturierung der Sicherheitsarchitektur „Leitlinien für einen starken Staat in schwierigen Zeiten" hat Innenminister Thomas de Maizière Anfang 2017 dabei nicht nur die Kompetenzverteilung zwischen den Polizeibehörden von Bund und Ländern, sondern auch die mögliche Rolle der Bundeswehr angesprochen. Es heißt in dem Papier:

> Auch die Bundeswehr ist seit Dekaden anerkannter Partner im Katastrophenschutz. Kommt die Polizei mit ihrer Kapazität an Grenzen, sollte die Bundeswehr auch dort ihren Platz finden – etwa beim bewaffneten Objektschutz. Die Debatten dazu mögen früher verständlich gewesen sein. Jetzt sind sie es nicht mehr. …
>
> Mein Vorschlag ist, das nationale Cyber-Abwehrzentrum so weiterzuentwickeln, dass es bei komplexen Schadenslagen die Federführung an sich ziehen kann, um etwa die schnellen Eingreiftruppen anderer Sicherheitsbehörden, gegebenenfalls auch der Bundeswehr, zu koordinieren.[3]

[2]In den Wirren am Beginn der Weimarer Republik 1919/1920 ließ Reichswehrminister Gustav Noske den „Spartakusaufstand" durch das Militär blutig niederschlagen, ging dann aber im Vorfeld des „Kapp-Putsches" nicht energisch genug gegen die antidemokratische Generalität vor. („Einer muss der Bluthund werden". Der Spiegel Nr. 13/1988, S. 77–86).

[3]http://www.faz.net/aktuell/politik/inland/innenminister-de-maiziere-leitlinien-fuer-einen-starken-staat-in-schwierigen-zeiten-14601852.html?printPagedArticle=true#pageIndex_2 (Zugriff: 03.01.2017).

Es bleibt zu hoffen, dass die ablehnende Haltung gegenüber solchen Überlegungen in breiten Teilen der Gesellschaft und – als Reaktion darauf – auch in weiten Bereichen der Politik nicht erst revidiert wird, wenn schwerwiegende Ereignisse zu Opfern geführt haben, die durch den Einsatz aller verfügbaren Mittel des Staates hätten vermieden werden können.

Was Sie aus diesem *essential* mitnehmen können

- Die verfassungsrechtlichen Rahmenbedingungen für Einsätze der Bundeswehr im Innern sind historisch bedingt äußerst restriktiv und beschränken diese „strikt und eng auf einen numerus clausus von Einzelfällen".
- Da sich die Grenzen zwischen innerer und äußerer Sicherheit aufgrund neuer Risiken zunehmend verwischen (Terrorismus, hybride Kriegführung, Cyberattacken), drohen Situationen, in denen die Organe der inneren Sicherheit den Schutz der Bürger nicht allein gewährleisten können.
- Die Bundeswehr verfügt über eine Reihe von z. T. spezifischen Fähigkeiten, die zur Unterstützung der Polizei geeignet wären. Aus einer funktionalen Perspektive wäre eine Lockerung der Restriktionen für Einsätze der Bundeswehr im Innern daher rational.
- Die politische Debatte um diese Problematik ist jedoch primär ideologisch geprägt, eine Weiterentwicklung des Grundgesetzes gilt weithin als Tabu.
- Es bleibt zu hoffen, dass eine unvoreingenommene Diskussion Lösungen bringt, ehe schwerwiegende Ereignisse zu Opfern führen, die durch den Einsatz aller verfügbaren Mittel hätten vermieden werden können.

© Springer Fachmedien Wiesbaden GmbH 2017

U. von Krause, *Der Einsatz der Bundeswehr im Innern,* essentials,
DOI 10.1007/978-3-658-17401-9

Literatur

B90/Grüne FraVo (2016): Bundestagsfraktion Bündnis 90/Die Grünen: Vorstandsbeschluss Innere Sicherheit vom 02.09.2016. https://www.gruene-bundestag.de/fileadmin/media/gruenebundestag_de/fraktion/beschluss_noch_nicht_ver%C3%B6ffentlicht/Innere_Sicherheit_FraVo-Beschluss.pdf (Zugriff: 07.12.2016).

BMI (2013): Bericht zur Flutkatastrophe 2013: Katastrophenhilfe, Entschädigung, Wiederaufbau. http://www.bmi.bund.de/SharedDocs/Downloads/DE/Broschueren/2013/kabinettbericht-fluthilfe.html (Zugriff: 30.10.2016).

BMVg (2002): Hochwasserkatastrophe im August 2002. Berlin.

BMVg (2008): Hilfeleistungen der Bundeswehr bei Naturkatastrophen oder besonders schweren Unglücksfällen und im Rahmen dringender Nothilfe, Ministerialblatt des Bundesministeriums der Verteidigung, 06.02.2008.

BMVg (2009): Entschieden gut. Gut entschieden. Spezialkräfte. https://www.bundeswehr-karriere.de/blueprint/servlet/blob/28236/6a27f89b9c3bb78f765f66984abffb77/ksk-data.pdf (Zugriff: 22.12.2016).

BMVg (2016): Weißbuch zur Sicherheitspolitik und zur Zukunft der Bundeswehr.

BVerfG (2006): Entscheidung des 1. Senats – 1 BvR 357/05 – v. 15.02.2006. NJW 59, H. 11, S. 751–761.

BVerfG (2010): Entscheidung des 2. Senats – 2 BvE 5/07 v. 04. Mai 2010.

BVerfG (2012): Plenarentscheidung – 2 PBvU 1/11 – v. 03.07.2012. NVwZ 31, H. 12, S. 1239–1250.

BVerwG (2005): Urteil des 2. Wehrdienstsenats vom 21. Juni 2005 BVerwG 2 WD 12.04.

CDU/CSU AGV (2016): Arbeitsgruppe Verteidigung der Bundestagsfraktion CDU/CSU: Rahmen für die deutsche Sicherheitspolitik. https://www.dbwv.de/web/dbwv/extranet_dbwv_cb.nsf/vwContentByKey/W2A9GCUG854DBWNDE (Zugriff: 03.12.2016).

CDU/CSU FV (2016): Fraktionsvorstand der CDU/CSU-Bundestagsfraktion: Mit Entschlossenheit und Härte gegen den islamistischen Terrorismus. 12-Punkte-Programm der CDU/CSU-Bundestagsfraktion zur Stärkung der Inneren Sicherheit.

https://www.cducsu.de/sites/default/files/beschluss_fv_cducsu_innere_sicherheit.pdf (Zugriff: 03.12.2016).

DPolG (2016): Deutsche Polizeigewerkschaft im DGB: Bundeswehreinsatz im Innern: DPolG lehnt ‚Militarisierung' der Inneren Sicherheit ab. http://www.dpolg.de/ueber-uns/positionen/bundeswehreinsatz-im-innern/ (Zugriff: 09.12.2016).

© Springer Fachmedien Wiesbaden GmbH 2017
U. von Krause, *Der Einsatz der Bundeswehr im Innern,* essentials,
DOI 10.1007/978-3-658-17401-9

Fischer, Joschka (2011): I'm not convinced. Der Irak-Krieg und die rot-grünen Jahre, Kiepenheuer & Witsch, Köln.

GdP (2016): Gewerkschaft der Polizei: Positionspapier „Stärkung der Polizei statt Bundeswehr im Innern". https://www.gdp.de/gdp/gdp.nsf/id/posa (Zugriff: 09.12.2016).

IMK (2009): Ständige Konferenz der Innenminister und -senatoren der Länder: Programm Innere Sicherheit. Fortschreibung 2008/2009. http://www.mik.brandenburg.de/sixcms/media.php/1056/Programm_Innere_Sicherheit.pdf (Zugriff: 09.12.2016).

Kdo Feldjäger (2015): Kommando Feldjäger der Bundeswehr. 60 Jahre Feldjäger in der Bundeswehr. http://www.kommando.streitkraeftebasis.de/portal/a/kdoskb/start/terraufg/kdofjgwesbw/kdofjgbw/download/!ut/p/z1/04_Sj9CPykssy0xPLMnMz0vMAfIjo8zinSx8QnyMLI2MfMz-DTAwcLRxdXC3djA0MvEz1wwkpiAJKG-AAjgb6wSmp-pFAM8xxmuFkpB-sH6UflZ-VYllihV5BfVJKTWqKXmAxyoX5kRmJeSk5qQH6yI0SgIDei3KDcUREApimdeA!!/dz/d5/L2dBISEvZ0FBIS9nQSEh/#Z7_B8LTL2922L7V40A8ADE9F300B2 (Zugriff: 22.12.2016).

Krause, Ulf von (2011): Die Afghanistaneinsätze der Bundeswehr. Politischer Entscheidungsprozess mit Eskalationsdynamik, VS-Verlag, Wiesbaden.

Krause, Ulf von (2013): Die Bundeswehr als Instrument deutscher Außenpolitik, Springer VS, Wiesbaden.

Meyers, Reinhard (2016): Krieg. In: Handwörterbuch Internationale Politik (13. Aufl.), hrsg. von W. Woyke und J. Varwick, Budrich Verlag, Opladen, S. 258–267.

Schaurer, Florian (2015: Alte Neue Kriege - Anmerkungen zur hybriden Kriegführung. https://www.bmvg.de/portal/a/bmvg/!ut/p/c4/NYuxDsIgFEX_iAe6qJu1g67VRNs-N6At9SYEGXtvFjxcG70nOcnJhgELQGznNFIOe4QO9pYvZhfGbEztSzma1k-AJM-wZ418OIwsaAXM0YmIpd0hyTWGLiuZY1pVIEjdBL1TZSyf_U9zy8bvfn8XB-qH00Hi_fXH7V-H2o!/ (Zugriff: 15.12.2016).

SPD AK SiPo (2016): Arbeitskreis Sicherheitspolitik der SPD Berlin, Resümee der Diskussionsveranstaltung Weißbuch 2016, 05.09.2016, https://www.spd.berlin/w/files/spd-arbeitskreise/resuemee-weissbuch.pdf (Zugriff: 04.12.2016).

SWP/GMF (2013): Elemente einer deutschen Außen- und Sicherheitspolitik für eine Welt im Umbruch. Stiftung Wissenschaft und Politik und German Marshall Fund of the United States. Berlin – Washington D.C.

Talmon, Stefan (2016): Bewaffnete Bundeswehrsoldaten am Brandenburger Tor? Zum Objektschutz durch die Streitkräfte bei terroristischen Anschlägen. Bonner Rechtsjournal Nr. 1, 2016, S. 5–7.

Thieser, Heiko (2007): Feldjäger: Eine Truppe im Wandel. www.militarypolice.de/2007/03/fjg-eine-truppe-im-wandel (Zugriff: 14.12.2016).

Walter, Bernd (2013): Annäherung an die Realität: neue Einsichten des Bundesverfassungsgerichts zum Einsatz der Streitkräfte im Innern. NZWehrr. 55, H. 6, S. 221–238.

Wiefelspütz, Dieter (2013): Die Plenarentscheidung des Bundesverfassungsgerichts zum Einsatz der Bundeswehr im Innern. NZWehrr. 55, H 1, S. 1–18.

Wiegold, Thomas (2013): Bundeswehr: Die Hochwasser-Bilanz. Augen Geradeaus 20.06.2013. http://augengeradeaus.net/2013/06/bundeswehr-die-hochwasser-bilanz/ (Zugriff: 30.10.2016).

WD Bundestag (2007): Wissenschaftlicher Dienst des Deutschen Bundestages: Tornado-Aufklärungsflüge als Amtshilfe, WD 3 - 299/07. https://sehrgutachten.de/bt/wd3/299-07-tornado-aufklaerungsfluege-als-amtshilfe (Zugriff: 30.10.2016).

WD Bundestag (2015): Wissenschaftlicher Dienst des Deutschen Bundestages: Einsatz der Bundeswehr im Innern zur Bewältigung der Flüchtlingssituation, WD 3 - 3000 - 303/15. https://sehrgutachten.de/bt/wd3/303-15-einsatz-der-bundeswehr-im-innern-zur-bewaeltigung-der-fluechtlingssituation *(Zugriff: 19.11.2016).*

Lesen Sie hier weiter

Ulf von Krause

Bundeswehr und Außenpolitik
Zur Rolle des Militärs im Diskurs um mehr Verantwortung Deutschlands in der Welt

2016, VII, 30 S.
Softcover: € 9,99
ISBN: 978-3-658-11860-0

Änderungen vorbehalten.
Erhältlich im Buchhandel oder beim Verlag.

Einfach portofrei bestellen:
leserservice@springer.com
tel +49 (0)6221 345-4301
springer.com